QuizKnock

High School Quiz Battle 2022
公式問題集

CONTENTS

QuizKnock とは ————————

クイズノック

東大クイズ王・伊沢拓司が中心となって運営する、エンタメと知を融合させたメディア。「楽しいから始まる学び」をコンセプトに、何かを「知る」きっかけとなるような記事や動画を毎日発信中。YouTubeチャンネル登録者数は198万人を突破。（2023年1月現在）

 とは ————————

君は世界を知る、世界はクイズを知る、クイズは君を知る。

「High School Quiz Battle WHAT 2022」は、全国の高校生以下を対象とするQuizKnock主催のクイズ大会です。今大会の参加者は2392名でした。本書では、この大会で実際に出題されたクイズを全て収録しています。

大会形式：個人戦

1st day （ 2022年5月1日に オンラインにて実施 ）

— 1st stage —
種目：50問4択クイズ
勝ち抜け人数：2392人→1000人

— 2nd stage —
種目：50問4択クイズ
勝ち抜け人数：1000人→100人

2nd day （ 2022年5月8日に オンラインにて実施 ）

— Semifinal stage —
種目：8時間耐久ボードクイズ　勝ち抜け人数：100人→10人

3rd day （ 2022年5月15日に東京 都内スタジオにて実施 ）

— Final stage —
種目：3ラウンド制早押しクイズ　優勝者1人

　皆様、いつもありがとうございます。伊沢です。

　この度は、High School Quiz Battle WHAT 2022の公式問題集をお読みくださりありがとうございます。

　WHATはQuizKnockがお届けする初の大規模クイズ大会であり、高校生以下のクイズプレーヤーが誇りに思えるビッグタイトルを目指したものです。

　開催の経緯や込めた思いなどは大会長・河村からの挨拶に譲りますが、兎にも角にもQuizKnock一同がワクワクとドキドキを抱えて当日に臨んだ、大いなるチャレンジでした。

　そしてその挑戦は、参加者の皆様のおかげで大いに報われました。私自身、司会や解説をしながらも、いちプレーヤーとしての興奮を制御することに苦労したほどです。

　なにより15年来のクイズ愛好家として、かつQuizKnockの一員としてグッときたのは、QuizKnockのルーツのひとつであり、常に参照し続けるべき手本である競技クイズという文化が、こうして多くの人の目に触れたことそのものに対してでした。こうした「公式問題集を作る」という、20年前のクイズ文化をそのまま踏襲する形を実現できたことも喜ばしいことです。このような我々の望みを力強く支えてくださったスポンサーの皆様にも、この場を借りて改めて御礼申し上げます。

　とはいえ、ここでどれだけ言葉を尽くしても、勝負そのもの以上に雄弁には語れません。文字で読むWHAT 2022、存分にお楽しみください。

QuizKnock編集長
伊沢拓司

大会長の河村です。

このたびは『High School Quiz Battle WHAT 2022 公式問題集』を
お買い上げいただきありがとうございます。

この本は、QuizKnock主催のクイズ大会KODANSHA Presents
High School Quiz Battle WHAT 2022の公式問題集です。大会の模様
はQuizKnockのYouTubeチャンネルに動画として公開しておりますの
で、併せてぜひご覧ください。

本書は公式の問題集です。本という形をとることは、時間などの制
約から動画で公開できなかった問題を載せられる、という意味でも、
もちろんあります。しかしそれよりも、あなたに寄り添いやすい形と
してクイズを提供する、ということです。パラパラめくって好みの問
題を探す、クイズの練習に調べた追加情報をどんどん書き込んでいく、
全体を俯瞰して傾向を摑むなど、自分にあったいろいろな使い方がで
きるでしょう。

そして、参加したみなさまにとって、当日のことを思い出
してもらう一助になること。応援してくださったみなさま
への、誠意ある報告であること。そして次回以降の大会の
ための、確かなガイドブックとなること。これらを目指
して本書は上梓されています。

次回以降の大会もよろしくお願いします。これか
らも確かに進んでいくために、過去の出来事は過
去の出来事として語っています。もう出題され
にくい時事問題なども混じっています。そう
いった問題も、そのクイズはどうして出題
されたか──世に生み出されたか──をぜ
ひ読み取っていただければと思います。

WHAT 2022 大会長
河村拓哉

問題チーフを務めました、森慎太郎です。問題チーフというのは、クイズ大会における出題の責任者のことです。

　突然ですが、WHAT 2022を開催するにあたって、出題するクイズは最終的にどのくらい必要だったでしょう？　正解は、380問ほどです。ただ、380問のクイズを出す大会を開くからといって、クイズを380問作ればそれでOKかというと、そういうわけにはいきません。問題群全体のクオリティを担保するために、難しすぎる問題、簡単すぎる問題、他の問題とジャンルが近すぎる問題、そもそもコンセプトに沿わない問題……などが紛れ込まないよう、必要数よりも多くの問題から必要数をピックアップする工程が必要となります。今回は初回だったということもあり、のべ80名以上のスタッフから1000問以上の問題を集めることができました。

　表現を調整したり、別の問題に作り変えたり、ボツにしたり、そういった地道な作業を一問一問に対して繰り返し、いろいろな人が作った1000問以上のクイズの集まりを、なんとか380問の一つの問題群として完成させる。これが、問題チーフの仕事です。実際はわたし一人ですべての作業を行ったわけではなく、数名の中心メンバーで分担して行いました。

　さて、「問題チーフとして考えていたこと」についてですが、そんなふうに問題群を作り上げるなかで、ひときわ強く意識していたことがあります。それは、「高校生だから」という理由で出題のレベルを下げない・幅を狭めない、ということです。このことは、「世界を深く・広く知ること」と「WHATを目指して努力すること」とを結びつけるうえで重要なことだと考えています。次回のWHATも、同様の考えに基づいてつくられていくことと思いますので、参加権のある方はぜひそのようなことを考えながらご参加いただければと思います。

WHAT 2022 問題チーフ　森 慎太郎

1st
stage

—— 種目 ——
50問4択クイズ

P8〜16にクイズが掲載されています。
P17から解答が掲載されています。

001. **What's the date today?**
※大会は2022年5月1日（日）13:00開始

| **1** 2022 | **2** May 1st | **3** Sunday | **4** 1 P.M. |

002. 慣用句で、「○○が鳴る」「○○を磨く」「○○を振るう」の○○に共通して入る体の一部は？

| **1** 頭 | **2** 首 | **3** 腕 | **4** 指 |

003. かつては殺虫剤にも用いられた、タバコの葉に多く含まれる物質は？

| **1** カテキン | **2** カフェイン | **3** テオブロミン | **4** ニコチン |

004. 「みそひともじ」といえば、何を指す言葉？

| **1** 漢詩 | **2** 随筆 | **3** 短歌 | **4** 俳句 |

005. 有線イヤホンを使うために必要な、イヤホンの差し込み口を何という？

| **1** イヤホンエース | **2** イヤホンジャック | **3** イヤホンクイーン | **4** イヤホンキング |

006. 十二支で方角を表したとき、「酉（とり）」はどっち？

| **1** 東 | **2** 西 | **3** 南 | **4** 北 |

007. 雑貨店などで「ステーショナリー」という案内があるのは、どんなものの売り場?

| 1 アウトドア用品 | 2 工具 | 3 調理器具 | 4 文房具 |

008. 日本の地方自治体のうち、「県」はいくつある?

| 1 43 | 2 44 | 3 45 | 4 46 |

009. 中国四大料理のうち、麻婆豆腐や担々麺など、辛味のきいた味付けが特徴なのは?

| 1 広東料理 | 2 四川料理 | 3 上海料理 | 4 北京料理 |

010. 憲法記念日の半年前に訪れる国民の祝日は?

| 1 山の日 | 2 敬老の日 | 3 文化の日 | 4 勤労感謝の日 |

011. 昔話をモチーフにしたCM「三太郎」シリーズを放送している会社はどこ?

| 1 au | 2 NTTドコモ | 3 楽天モバイル | 4 SoftBank |

012. 世界遺産の保護活動を行っている国連の機関は?

| 1 UNCTAD | 2 UNESCO | 3 UNHCR | 4 UNICEF |

013. 特にタヌキの置物が有名な、滋賀県名産の歴史ある焼き物は？

| **1** 九谷焼 | **2** 信楽焼 | **3** 常滑焼 | **4** 益子焼 |

014. 10月を表す英単語「October」の「octo」は、本来何という数字を表す？

| **1** 8 | **2** 9 | **3** 11 | **4** 12 |

015. 東海道新幹線で、6つの駅にしか停車しない列車は？

| **1** こだま | **2** のぞみ | **3** はやぶさ | **4** ひかり |

016. 目の周りのメイクが崩れ、黒くなってしまった状態を、ある動物の名前を用いて何という？

| **1** アザラシ目 | **2** キリン目 | **3** パンダ目 | **4** モグラ目 |

017. 上下と左右が対称なため、向きを確認せずに使用できる、USBコネクタの規格は？

| **1** Type-A | **2** Type-B | **3** Type-C | **4** Type-D |

018. 17世紀に「清教徒革命」と「名誉革命」が起こった国はどこ？

| **1** イギリス | **2** イタリア | **3** スペイン | **4** フランス |

019. 「シェークハンド」や「ペンホルダー」といったラケットの持ち方がある球技は？

| **1** スカッシュ | **2** 卓球 | **3** テニス | **4** バドミントン |

020. 『Rusty Nail』『紅』などの楽曲で知られるバンドは？

| **1** BOØWY | **2** シャ乱Q | **3** THE BLUE HEARTS | **4** X JAPAN |

021. 政権の支持率が50％から60％に上がったとき、支持率は「10（　）」上昇した。（　）に入るのは？

| **1** ピリオド | **2** プライム | **3** ページ | **4** ポイント |

022. 漫画『鬼滅の刃』で、物語の舞台となっている時代は？

| **1** 平安時代 | **2** 戦国時代 | **3** 江戸時代 | **4** 大正時代 |

023. 金星や火星の大気に最も多く含まれている気体は？

| **1** 水素 | **2** ヘリウム | **3** 窒素 | **4** 二酸化炭素 |

024. 明治期の政治家 江藤新平（えとうしんぺい）や大隈重信（おおくましげのぶ）が生まれたのは現在の何県？

| **1** 鹿児島県 | **2** 山口県 | **3** 高知県 | **4** 佐賀県 |

025. 魔法が使える家庭教師をジュリー・アンドリュースが演じた、1964年公開の名作ミュージカル映画は？

| 1 『アニー』 | 2 『メリー・ポピンズ』 | 3 『マイ・フェア・レディ』 | 4 『サウンド・オブ・ミュージック』 |

026. 「白い雪」という意味の名を持つ、青い缶入りのスキンケアクリームで有名な化粧品ブランドは？

| 1 イニスフリー | 2 ロクシタン | 3 メンソレータム | 4 ニベア |

027. 脂質1グラムが持つエネルギーは何キロカロリー？

| 1 1 | 2 4 | 3 9 | 4 16 |

028. スキーやスノーボードにブーツを固定するための部品は？

| 1 ビンディング | 2 バックル | 3 キャッチ | 4 クランプ |

029. 「32インチのテレビ」で32インチなのは？

| 1 画面の縦の長さ | 2 画面の横の長さ | 3 画面の対角線の長さ | 4 画面の厚さ |

030. 昨年（2021年）の東京五輪体操で、橋本大輝が金メダルを獲得した2種目。個人総合と？

| 1 鉄棒 | 2 跳馬 | 3 平行棒 | 4 ゆか |

031. WebサイトのURLでみられる「https」の「s」とは、何の略？

| **1** Secure | **2** Sequence | **3** Smooth | **4** Spread |

032. カメラのストロボの電源にも使われている、電荷をためることができる電子部品は？

| **1** コイル | **2** コンデンサ | **3** ダイオード | **4** トランジスタ |

033. 中の綿が薄くなった粗末な布団のことを、ある食べ物にたとえて何という？

| **1** かき揚げ布団 | **2** せんべい布団 | **3** のり布団 | **4** ひもの布団 |

034. 人気ライトノベルの『魔法科高校の劣等生』『とある魔術の禁書目録』『ソードアート・オンライン』を刊行している文庫レーベルは？

| **1** ガガガ文庫 | **2** 角川スニーカー文庫 | **3** 電撃文庫 | **4** 富士見ファンタジア文庫 |

035. 普通は均一な植物の葉に、色がまだらに混じっていることを「何入り」という？

| **1** ひ入り | **2** ふ入り | **3** へ入り | **4** ほ入り |

036. 「国譲り」や「因幡の白兎」などの物語に登場する、出雲大社の主祭神として祀られている日本の神様は？

| **1** アマテラスオオミカミ | **2** オオクニヌシ | **3** スサノオノミコト | **4** ニニギノミコト |

037. 在任中に郵政民営化を実現した総理大臣は？

| **1** 小渕恵三 | **2** 小泉純一郎 | **3** 福田康夫 | **4** 森喜朗 |

038. グランド・ジャット島やシテ島などの島が浮かぶヨーロッパの川は？

| **1** ドナウ川 | **2** ライン川 | **3** セーヌ川 | **4** テムズ川 |

039. 「トートバッグ」は元々何を運ぶための道具？

| **1** 皿 | **2** 塩 | **3** 新聞 | **4** 氷 |

040. 箱根駅伝の各区間の長さはおよそ何km？

| **1** 10km | **2** 20km | **3** 30km | **4** 40km |

041. ビートルズのアルバム『The Beatles』のジャケットはどんな色？

| **1** 青 | **2** 黒 | **3** 白 | **4** 緑 |

042. 「ハーバー・ボッシュ法」といえば、何という物質の工業的合成法？

| **1** アンモニア | **2** 硝酸 | **3** 炭酸ナトリウム | **4** 硫酸 |

043. シャープペンシルの「クルトガ」やボールペンの「ジェットストリーム」を販売する企業は？

1 コクヨ	2 トンボ鉛筆	3 パイロット	4 三菱鉛筆

044. 「ヴァン・ダインの二十則」や「ノックスの十戒」といえば、どんなものについての基本規則？

1 証券取引	2 推理小説	3 テーブルマナー	4 プログラミング

045. 豚の皮つき三枚肉を醤油や泡盛で柔らかく煮込んだ、沖縄の郷土料理は？

1 ソーキ	2 テビチ	3 ミミガー	4 ラフテー

046. 神聖ローマ帝国、ロシア帝国、オーストリア帝国などの紋章に、2つの頭をもつ姿で描かれているのはどんな鳥？

1 鷹	2 燕	3 鳩	4 鷲

047. 「文庫本サイズ」に相当する紙の大きさは？

1 A3	2 A4	3 A5	4 A6

048. YouTube に初めて投稿された動画は、どこで撮影された？

1 大学	2 動物園	3 野球場	4 遊園地

049. 医療ドラマ『ラジエーションハウス』で、主人公・五十嵐唯織を演じる俳優は？

1 窪田正孝	**2** 鈴木亮平	**3** 菅田将暉	**4** 山下智久

050. 2の2022乗は、およそ何桁？

1 6桁	**2** 60桁	**3** 600桁	**4** 6000桁

赤字で表記されているものが答えになります。

001. What's the date today?
※大会は2022年5月1日（日）13：00開始

| 1 2022 | 2 May 1st | 3 Sunday | 4 1 P.M. |

002. 慣用句で、「○○が鳴る」「○○を磨く」「○○を振るう」の○○に共通して入る体の一部は？

| 1 頭 | 2 首 | 3 腕 | 4 指 |

003. かつては殺虫剤にも用いられた、タバコの葉に多く含まれる物質は？

| 1 カテキン | 2 カフェイン | 3 テオブロミン | 4 ニコチン |

004. 「みそひともじ」といえば、何を指す言葉？

| 1 漢詩 | 2 随筆 | 3 短歌 | 4 俳句 |

005. 有線イヤホンを使うために必要な、イヤホンの差し込み口を何という？

| 1 イヤホンエース | 2 イヤホンジャック | 3 イヤホンクイーン | 4 イヤホンキング |

006. 十二支で方角を表したとき、「酉」はどっち？

| 1 東 | 2 西 | 3 南 | 4 北 |

007. 雑貨店などで「ステーショナリー」という案内があるのは、どんなものの売り場？

| 1 アウトドア用品 | 2 工具 | 3 調理器具 | 4 文房具 |

008. 日本の地方自治体のうち、「県」はいくつある？

| 1 43 | 2 44 | 3 45 | 4 46 |

009. 中国四大料理のうち、麻婆豆腐や担々麺など、辛味のきいた味付けが特徴なのは？

| 1 広東料理 | 2 四川料理 | 3 上海料理 | 4 北京料理 |

010. 憲法記念日の半年前に訪れる国民の祝日は？

| 1 山の日 | 2 敬老の日 | 3 文化の日 | 4 勤労感謝の日 |

011. 昔話をモチーフにしたCM「三太郎」シリーズを放送している会社はどこ？

1 au	2 NTTドコモ	3 楽天モバイル	4 SoftBank

012. 世界遺産の保護活動を行っている国連の機関は？

1 UNCTAD	2 UNESCO	3 UNHCR	4 UNICEF

013. 特にタヌキの置物が有名な、滋賀県名産の歴史ある焼き物は？

1 九谷焼	2 信楽焼	3 常滑焼	4 益子焼

014. 10月を表す英単語「October」の「octo」は、本来何という数字を表す？

1 8	2 9	3 11	4 12

015. 東海道新幹線で、6つの駅にしか停車しない列車は？

1 こだま	2 のぞみ	3 はやぶさ	4 ひかり

016. 目の周りのメイクが崩れ、黒くなってしまった状態を、ある動物の名前を用いて何という？

1 アザラシ目	2 キリン目	3 パンダ目	4 モグラ目

017. 上下と左右が対称なため、向きを確認せずに使用できる、USBコネクタの規格は？

1 Type-A	2 Type-B	3 Type-C	4 Type-D

018. 17世紀に「清教徒革命」と「名誉革命」が起こった国はどこ？

1 イギリス	2 イタリア	3 スペイン	4 フランス

019.「シェークハンド」や「ペンホルダー」といったラケットの持ち方がある球技は？

1 スカッシュ	2 卓球	3 テニス	4 バドミントン

020.『Rusty Nail』『紅』などの楽曲で知られるバンドは？

1 BOØWY	2 シャ乱Q	3 THE BLUE HEARTS	4 X JAPAN

021. 政権の支持率が50％から60％に上がったとき、支持率は「10（　）」上昇した。（　）に入るのは？

| 1 ピリオド | 2 プライム | 3 ページ | 4 ポイント |

022. 漫画『鬼滅の刃』で、物語の舞台となっている時代は？

| 1 平安時代 | 2 戦国時代 | 3 江戸時代 | 4 大正時代 |

023. 金星や火星の大気に最も多く含まれている気体は？

| 1 水素 | 2 ヘリウム | 3 窒素 | 4 二酸化炭素 |

024. 明治期の政治家 江藤新平や大隈重信が生まれたのは現在の何県？

| 1 鹿児島県 | 2 山口県 | 3 高知県 | 4 佐賀県 |

025. 魔法が使える家庭教師をジュリー・アンドリュースが演じた、1964年公開の名作ミュージカル映画は？

| 1 『アニー』 | 2 『メリー・ポピンズ』 | 3 『マイ・フェア・レディ』 | 4 『サウンド・オブ・ミュージック』 |

026. 「白い雪」という意味の名を持つ、青い缶入りのスキンケアクリームで有名な化粧品ブランドは？

| 1 イニスフリー | 2 ロクシタン | 3 メンソレータム | 4 ニベア |

027. 脂質1グラムが持つエネルギーは何キロカロリー？

| 1 1 | 2 4 | 3 9 | 4 16 |

028. スキーやスノーボードにブーツを固定するための部品は？

| 1 ビンディング | 2 バックル | 3 キャッチ | 4 クランプ |

029. 「32インチのテレビ」で32インチなのは？

| 1 画面の縦の長さ | 2 画面の横の長さ | 3 画面の対角線の長さ | 4 画面の厚さ |

030. 昨年（2021年）の東京五輪体操で、橋本大輝が金メダルを獲得した2種目。個人総合と？

| 1 鉄棒 | 2 跳馬 | 3 平行棒 | 4 ゆか |

031. WebサイトのURLでみられる「https」の「s」とは、何の略？

1 Secure	2 Sequence	3 Smooth	4 Spread

032. カメラのストロボの電源にも使われている、電荷をためることができる電子部品は？

1 コイル	2 コンデンサ	3 ダイオード	4 トランジスタ

033. 中の綿が薄くなった粗末な布団のことを、ある食べ物にたとえて何という？

1 かき揚げ布団	2 せんべい布団	3 のり布団	4 ひもの布団

034. 人気ライトノベルの『魔法科高校の劣等生』『とある魔術の禁書目録』『ソードアート・オンライン』を刊行している文庫レーベルは？

1 ガガガ文庫	2 角川スニーカー文庫	3 電撃文庫	4 富士見ファンタジア文庫

035. 普通は均一な植物の葉に、色がまだらに混じっていることを「何入り」という？

1 ひ入り	2 ふ入り	3 へ入り	4 ほ入り

036. 「国譲り」や「因幡の白兎」などの物語に登場する、出雲大社の主祭神として祀られている日本の神様は？

1 アマテラスオオミカミ	2 オオクニヌシ	3 スサノオノミコト	4 ニニギノミコト

037. 在任中に郵政民営化を実現した総理大臣は？

1 小渕恵三	2 小泉純一郎	3 福田康夫	4 森喜朗

038. グランド・ジャット島やシテ島などの島が浮かぶヨーロッパの川は？

1 ドナウ川	2 ライン川	3 セーヌ川	4 テムズ川

039. 「トートバッグ」は元々何を運ぶための道具？

1 皿	2 塩	3 新聞	4 氷

040. 箱根駅伝の各区間の長さはおよそ何km？

1 10km	2 20km	3 30km	4 40km

041. ビートルズのアルバム『The Beatles』のジャケットはどんな色？

| 1 青 | 2 黒 | 3 白 | 4 緑 |

042. 「ハーバー・ボッシュ法」といえば、何という物質の工業的合成法？

| 1 アンモニア | 2 硝酸 | 3 炭酸ナトリウム | 4 硫酸 |

043. シャープペンシルの「クルトガ」やボールペンの「ジェットストリーム」を販売する企業は？

| 1 コクヨ | 2 トンボ鉛筆 | 3 パイロット | 4 三菱鉛筆 |

044. 「ヴァン・ダインの二十則」や「ノックスの十戒」といえば、どんなものについての基本規則？

| 1 証券取引 | 2 推理小説 | 3 テーブルマナー | 4 プログラミング |

045. 豚の皮つき三枚肉を醤油や泡盛で柔らかく煮込んだ、沖縄の郷土料理は？

| 1 ソーキ | 2 テビチ | 3 ミミガー | 4 ラフテー |

046. 神聖ローマ帝国、ロシア帝国、オーストリア帝国などの紋章に、2つの頭をもつ姿で描かれているのはどんな鳥？

| 1 鷹 | 2 燕 | 3 鳩 | 4 鷲 |

047. 「文庫本サイズ」に相当する紙の大きさは？

| 1 A3 | 2 A4 | 3 A5 | 4 A6 |

048. YouTubeに初めて投稿された動画は、どこで撮影された？

| 1 大学 | 2 動物園 | 3 野球場 | 4 遊園地 |

049. 医療ドラマ『ラジエーションハウス』で、主人公・五十嵐唯織を演じる俳優は？

| 1 窪田正孝 | 2 鈴木亮平 | 3 菅田将暉 | 4 山下智久 |

050. 2の2022乗は、およそ何桁？

| 1 6桁 | 2 60桁 | 3 600桁 | 4 6000桁 |

参加者の高校生たちから伝わる熱　

山本祥彰

　こんにちは、山本です。WHATでは、決勝当日で敗退してしまった方のインタビューを担当しました。

　YouTubeの動画にはインタビューをしているシーンしか映っていませんが、実は「何か話したいことはある？」などと少し打ち合わせをするタイミングがありました。それだけ、出場者の皆さんと対話する時間があったということです。これらの打ち合わせやインタビューを通して出場者からもっとも強く感じたのは、なにより「クイズが好き」という気持ちです。

　敗退直後に行ったインタビューということもあり、悔しさを口にする高校生も多くいました。「この問題は、もっと早く押せた」「もっと冷静になるべきだった」など、悔しさのベクトルは違えど、みんなが普段から真剣にクイズに取り組んでいるからこそ抱くことのできる感情が、そこにはあった気がします。

　また、高校生からは「緊張感」も強く感じました。早押しクイズは、メンタルのスポーツでもあります。ボタンを押して、動き続けている問い読みの口を自らの手で止める。解答するためには、自分で空間を支配しなければいけないのです。それにはかなりの勇気がいります。カメラの前という慣れない環境で、いつも通りのクイズをすることがいかに難しいか。直接に口に出すことはなくとも、そのようなプレッシャーに対する感情もひしひしと感じました。それを乗り越え、決勝の場でクイズに向き合ったこと。これは皆さんのクイズに対する思いがなせる業なのかなと思います。

　決勝で負けてしまった方だけでなく、それまでに負けてしまった方たちにも、きっとそれぞれの想いがあったはずです。「悔しい」という感情を抱いた方も多いと思いますが、悔しさを感じるほどに参加者の皆さんが本気でクイズに挑戦してくれたことが、僕にとってはすごくうれしいことに思えます。皆さんのクイズに対する気持ちを裏切らないよう、自分たちも納得できるようなクイズを、これからも作り続けていきたいと感じました。

2nd
stage

⌄

—— 種目 ——
50問4択クイズ

P24〜32にクイズが掲載されています。
P33から解答が掲載されています。

051. 日本の元号が「令和」になったのは、今からちょうど何年前？
※大会当日は2022年5月1日

| **1** 1年前 | **2** 2年前 | **3** 3年前 | **4** 4年前 |

052. Web上のアンケートページなどでみられる、このようなボタンを何という？

> 質問
> ⦿ 選択肢1
> ◯ 選択肢2
> ◯ 選択肢3
> ◯ 選択肢4

| **1** シネマボタン | **2** ラジオボタン | **3** テレビボタン | **4** スマホボタン |

053. 地球に降り注ぐ光は、どのくらい前に太陽を出たもの？

| **1** 8秒 | **2** 8分 | **3** 8時間 | **4** 8日 |

054. 錦鯉、バイきんぐ、ハリウッドザコシショウといったお笑い芸人が所属する芸能事務所は？

| **1** Sony Music Artists | **2** プロダクション人力舎 | **3** マセキ芸能社 | **4** ワタナベエンターテインメント |

055. 著作を一切残さず、死後に弟子たちとの「対話」を記した書物が大量に刊行された、古代ギリシャの哲学者は？

| **1** アリストテレス | **2** プラトン | **3** ソクラテス | **4** タレス |

056. TwitterやYouTubeで活躍する、「バズレシピ」で知られる料理研究家は？

| **1** けんご | **2** ぷろたん | **3** もちまる | **4** リュウジ |

057. 雑誌『文藝時代』を中心に興った、横光利一や川端康成に代表される文学の一派は？

| **1** 新感覚派 | **2** 耽美派 | **3** 無頼派 | **4** 浪漫派 |

058. 小倉百人一首において、「一字決まり」の札は何枚ある？

| **1** 1枚 | **2** 3枚 | **3** 5枚 | **4** 7枚 |

059. 気温上昇についての「1.5度目標」や「2度目標」が掲げられた、2015年採択の国際協定は？

| **1** 愛知協定 | **2** ジュネーブ協定 | **3** パリ協定 | **4** リオ協定 |

060. ドヴォルザークの『新世界より』第2楽章をもとにした、夕方によく耳にする楽曲は？

| **1** 『家路』 | **2** 『埴生の宿』 | **3** 『蛍の光』 | **4** 『夕焼け小焼け』 |

061. NTTの3桁番号サービスで、「災害用伝言ダイヤル」につながるのは何番？

| **1** 171 | **2** 177 | **3** 188 | **4** 189 |

062. ダーウィンが進化論の着想を得た「ガラパゴス諸島」は、どこの国の領土？

1 エクアドル	**2** インドネシア	**3** マダガスカル	**4** ニュージーランド

063. アメリカの有名サイト「Rotten Tomatoes」は、何のレビューを扱っている？

1 映画	**2** 演劇	**3** 飛行機	**4** ホテル

064. 一度教育機関を離れた人が、社会人になってから学び直せる仕組みを何という？

1 イマージョン教育	**2** インクルーシブ教育	**3** リカレント教育	**4** リメディアル教育

065. 炭酸水の「サイダー」は、本来どんな果物のお酒を指す言葉？

1 オレンジ	**2** さくらんぼ	**3** ぶどう	**4** りんご

066. 自伝的映画『8 Mile』もヒットした、『Without Me』『Lose Yourself』などの曲で知られるラッパーは？

1 ドクター・ドレー	**2** ドレイク	**3** エミネム	**4** ケンドリック・ラマー

067. 現在（2022年5月）、日本代表ディフェンダーの冨安健洋が在籍している、イングランド・プレミアリーグのサッカークラブは？

1 アーセナル	**2** チェルシー	**3** リバプール	**4** トッテナム

068. 歩行者が横断歩道のないところで車道を横切る問題行為を何という？

1 雑横断	**2** 変横断	**3** 迷横断	**4** 乱横断

069. 七柱の元素の神が統治する幻想世界「テイワット」を冒険する、人気のオープンワールドRPGは？

1 『アークナイツ』	**2** 『アズールレーン』	**3** 『原神』	**4** 『ブルーアーカイブ』

070. カザフスタンの首都 ヌルスルタンの都市計画や、先月（2022年4月）解体工事が始まった「中銀カプセルタワービル」の設計で知られる建築家は？

※ヌルスルタンは出題当時の名称。現在のカザフスタンの首都の名称はアスタナ。

1 隈研吾	**2** 黒川紀章	**3** 丹下健三	**4** 原広司

071. 「好文木」や「風待草」といえば、何という植物の異名？

1 ウメ	**2** ツツジ	**3** ハナミズキ	**4** モモ

072. 化石を発掘したあと、まわりに付着している岩石を取り除く作業を何という？

1 クリーニング	**2** スイーピング	**3** トリミング	**4** ウォッシング

073. 969年、左大臣を務めていた 源 高明が藤原氏の謀略によって失脚させられた事件を何という？

1 安和の変	**2** 薬子の変	**3** 昌泰の変	**4** 承和の変

074. アイスクリームの自動販売機「セブンティーンアイス」を運営している食品メーカーはどこ？

1 江崎グリコ	**2** 明治	**3** 森永乳業	**4** ロッテ

075. 昨年（2021年）、二十歳の記念として写真集『20』を出版した人気女優は？

1 永野芽郁	**2** 橋本環奈	**3** 浜辺美波	**4** 広瀬すず

076. カントリー・ミュージックで演奏される、このアメリカの弦楽器は？

1 バンジョー	**2** フィドル	**3** リュート	**4** マンドリン

077. ベストセラー『三体』の英訳も手がけた、代表作に『紙の動物園』があるSF作家は？

1 アンディ・ウィアー	**2** グレッグ・イーガン	**3** ケン・リュウ	**4** テッド・チャン

078. 宝塚歌劇の大劇場において、オーケストラボックスと客席の間にある通路のようなステージを何という？

| **1** 銀橋 | **2** 光橋 | **3** 黒橋 | **4** 紫橋 |

079. 滋賀県や高知県にはミュージアムがある、精巧なフィギュアを制作する世界的企業は？

| **1** 海洋堂 | **2** 山岳堂 | **3** 森林堂 | **4** 天空堂 |

080. 1896年のアドワの戦いでイタリアを破り、植民地化を免れたアフリカの国は？

| **1** エジプト | **2** エチオピア | **3** モロッコ | **4** リベリア |

081. 高村光雲（たかむらこううん）の彫刻『老猿（ろうえん）』で、猿が握りしめているものは？

| **1** 稲穂 | **2** 木の実 | **3** 魚 | **4** 鳥の羽根 |

082. 男女ともアメリカ・スペイン・オーストラリアが世界ランキングのトップ3に立つスポーツは？
※大会当日は2022年5月1日

| **1** バスケットボール | **2** バレーボール | **3** ハンドボール | **4** ラグビー |

083. 一般的に、オーケストラのチューニングはAの音で行われますが、吹奏楽では何の音で行われる？

| **1** A♭ | **2** B♭ | **3** C♭ | **4** D♭ |

---

084. 韓国のオーディション番組『Girls Planet 999』から誕生した、デビュー曲『WA DA DA』が話題のアイドルグループは？

1 ITZY	**2** aespa	**3** Kep1er	**4** MAMAMOO

085. 昨年（2021年）刊行の『嫌われた監督』は誰について書かれたノンフィクション？

1 落合博満	**2** 是枝裕和	**3** アルベルト・ザッケローニ	**4** 宮崎駿

086. 肩関節や股関節の周りを覆い、安定性を高めている軟骨組織を何という？

1 関節芯	**2** 関節心	**3** 関節針	**4** 関節唇

087. レバーのくさみを取るためによく使われるのは？

1 お酢	**2** 牛乳	**3** コーヒー	**4** 蜂蜜

088. とうもろこしからふさふさと伸びているひげは、とうもろこしの花の何の部分？

1 おしべ	**2** がく	**3** 花びら	**4** めしべ

089. 日本語では「砂嵐」と呼ばれることが多いテレビのトラブルを、英語では何という？

1 レインノイズ	**2** スノーノイズ	**3** ストームノイズ	**4** サンダーノイズ

090. ドラマ『偽装不倫』『七人の秘書』『ハコヅメ～たたかう！交番女子～』の主題歌を担当したのは？

1	Uru	2	Aimer	3	LiSA	4	milet

091. アナウンサーの必携本『日本語発音アクセント新辞典』を発行する出版社はどこ？

1	朝日新聞出版	2	NHK出版	3	三省堂	4	数研出版

092. イタリアの首都 ローマとほぼ同じ緯度にある日本の都市は？

1	函館市	2	仙台市	3	浜松市	4	熊本市

093. 漢字の「一」の下に三つの丸を描いた「一文字に三つ星」の家紋を用いていた戦国大名は？

1	島津氏	2	伊達氏	3	北条氏	4	毛利氏

094. 宮沢賢治の童話に登場する「ツェ」「ク」「フウ」といえば、どんな動物？

1	イヌ	2	ネコ	3	ネズミ	4	モグラ

095. スピードスケートでフィニッシュの基準になるのはどこの部位？

| 1 ゴーグル | 2 胴体 | 3 指先 | 4 靴 |

096. 世の中の変化に気づかず、古いしきたりにこだわることを、「何に刻みて剣を求む」という？

| 1 岩 | 2 腕 | 3 風 | 4 舟 |

097. ふつうのプリンターのインクにあたる、3Dプリンターで使われる糸状の材料を何という？

| 1 ファイバー | 2 フィラメント | 3 リガチャー | 4 ストランド |

098. アフタヌーンティーで提供される、スイーツ以外の塩味のある料理を総称して何という？

| 1 ライトミール | 2 ピーカント | 3 ソルティネス | 4 セイボリー |

099. メキシコを旅行する観光客を苦しめる「モクテスマの復讐」とは、何のこと？

| 1 高山病 | 2 時差ボケ | 3 食中毒 | 4 害虫 |

100. 「一眼二足三胆四力」といえば、どんな武道の格言？

| 1 合気道 | 2 弓道 | 3 剣道 | 4 柔道 |

赤字で表記されているものが答えになります。

051. 日本の元号が「令和」になったのは、今からちょうど何年前?
※大会当日は2022年5月1日

| **1** 1年前 | **2** 2年前 | **3** 3年前 | **4** 4年前 |

052. Web上のアンケートページなどでみられる、このようなボタンを何という?

| **1** シネマボタン | **2** ラジオボタン | **3** テレビボタン | **4** スマホボタン |

053. 地球に降り注ぐ光は、どのくらい前に太陽を出たもの?

| **1** 8秒 | **2** 8分 | **3** 8時間 | **4** 8日 |

054. 錦鯉、バイきんぐ、ハリウッドザコシショウといったお笑い芸人が所属する芸能事務所は?

| **1** Sony Music Artists | **2** プロダクション人力舎 | **3** マセキ芸能社 | **4** ワタナベエンターテインメント |

055. 著作を一切残さず、死後に弟子たちとの「対話」を記した書物が大量に刊行された、古代ギリシャの哲学者は?

| **1** アリストテレス | **2** プラトン | **3** ソクラテス | **4** タレス |

056. TwitterやYouTubeで活躍する、「バズレシピ」で知られる料理研究家は?

| **1** けんご | **2** ぷろたん | **3** もちまる | **4** リュウジ |

057. 雑誌『文藝時代』を中心に興った、横光利一や川端康成に代表される文学の一派は?

| **1** 新感覚派 | **2** 耽美派 | **3** 無頼派 | **4** 浪漫派 |

058. 小倉百人一首において、「一字決まり」の札は何枚ある?

| **1** 1枚 | **2** 3枚 | **3** 5枚 | **4** 7枚 |

059. 気温上昇についての「1.5度目標」や「2度目標」が掲げられた、2015年採択の国際協定は?

| **1** 愛知協定 | **2** ジュネーブ協定 | **3** パリ協定 | **4** リオ協定 |

060. ドヴォルザークの『新世界より』第2楽章をもとにした、夕方によく耳にする楽曲は?

| **1** 『家路』 | **2** 『埴生の宿』 | **3** 『蛍の光』 | **4** 『夕焼け小焼け』 |

061. NTTの3桁番号サービスで、「災害用伝言ダイヤル」につながるのは何番？

1 171	2 177	3 188	4 189

062. ダーウィンが進化論の着想を得た「ガラパゴス諸島」は、どこの国の領土？

1 エクアドル	2 インドネシア	3 マダガスカル	4 ニュージーランド

063. アメリカの有名サイト「Rotten Tomatoes」は、何のレビューを扱っている？

1 映画	2 演劇	3 飛行機	4 ホテル

064. 一度教育機関を離れた人が、社会人になってから学び直せる仕組みを何という？

1 イマージョン教育	2 インクルーシブ教育	3 リカレント教育	4 リメディアル教育

065. 炭酸水の「サイダー」は、本来どんな果物のお酒を指す言葉？

1 オレンジ	2 さくらんぼ	3 ぶどう	4 りんご

066. 自伝的映画『8 Mile』もヒットした、『Without Me』『Lose Yourself』などの曲で知られるラッパーは？

1 ドクター・ドレー	2 ドレイク	3 エミネム	4 ケンドリック・ラマー

067. 現在（2022年5月）、日本代表ディフェンダーの冨安健洋が在籍している、イングランド・プレミアリーグのサッカークラブは？

1 アーセナル	2 チェルシー	3 リバプール	4 トッテナム

068. 歩行者が横断歩道のないところで車道を横切る問題行為を何という？

1 雑横断	2 変横断	3 迷横断	4 乱横断

069. 七柱の元素の神が統治する幻想世界「テイワット」を冒険する、人気のオープンワールドRPGは？

1 『アークナイツ』	2 『アズールレーン』	3 『原神』	4 『ブルーアーカイブ』

070. カザフスタンの首都 ヌルスルタンの都市計画や、先月（2022年4月）解体工事が始まった「中銀カプセルタワービル」の設計で知られる建築家は？
※ヌルスルタンは出題当時の名称。現在のカザフスタンの首都の名称はアスタナ。

1 隈研吾	2 黒川紀章	3 丹下健三	4 原広司

071. 「好文木」や「風待草」といえば、何という植物の異名？

| 1 ウメ | 2 ツツジ | 3 ハナミズキ | 4 モモ |

072. 化石を発掘したあと、まわりに付着している岩石を取り除く作業を何という？

| 1 クリーニング | 2 スイーピング | 3 トリミング | 4 ウォッシング |

073. 969年、左大臣を務めていた源高明が藤原氏の謀略によって失脚させられた事件を何という？

| 1 安和の変 | 2 薬子の変 | 3 昌泰の変 | 4 承和の変 |

074. アイスクリームの自動販売機「セブンティーンアイス」を運営している食品メーカーはどこ？

| 1 江崎グリコ | 2 明治 | 3 森永乳業 | 4 ロッテ |

075. 昨年（2021年）、二十歳の記念として写真集『20』を出版した人気女優は？

| 1 永野芽郁 | 2 橋本環奈 | 3 浜辺美波 | 4 広瀬すず |

076. カントリー・ミュージックで演奏される、このアメリカの弦楽器は？

| 1 バンジョー | 2 フィドル | 3 リュート | 4 マンドリン |

077. ベストセラー『三体』の英訳も手がけた、代表作に『紙の動物園』があるSF作家は？

| 1 アンディ・ウィアー | 2 グレッグ・イーガン | 3 ケン・リュウ | 4 テッド・チャン |

078. 宝塚歌劇の大劇場において、オーケストラボックスと客席の間にある通路のようなステージを何という？

| 1 銀橋 | 2 光橋 | 3 黒橋 | 4 紫橋 |

079. 滋賀県や高知県にはミュージアムがある、精巧なフィギュアを制作する世界的企業は？

| 1 海洋堂 | 2 山岳堂 | 3 森林堂 | 4 天空堂 |

080. 1896年のアドワの戦いでイタリアを破り、植民地化を免れたアフリカの国は？

| 1 エジプト | 2 エチオピア | 3 モロッコ | 4 リベリア |

081. 高村光雲の彫刻『老猿』で、猿が握りしめているものは？

1 稲穂	2 木の実	3 魚	4 鳥の羽根

082. 男女ともアメリカ・スペイン・オーストラリアが世界ランキングのトップ3に立つスポーツは？
※大会当日は2022年5月1日

1 バスケットボール	2 バレーボール	3 ハンドボール	4 ラグビー

083. 一般的に、オーケストラのチューニングはAの音で行われますが、吹奏楽では何の音で行われる？

1 A♭	2 B♭	3 C♭	4 D♭

084. 韓国のオーディション番組『Girls Planet 999』から誕生した、デビュー曲『WA DA DA』が話題のアイドルグループは？

1 ITZY	2 aespa	3 Kep1er	4 MAMAMOO

085. 昨年（2021年）刊行の『嫌われた監督』は誰について書かれたノンフィクション？

1 落合博満	2 是枝裕和	3 アルベルト・ザッケローニ	4 宮崎駿

086. 肩関節や股関節の周りを覆い、安定性を高めている軟骨組織を何という？

1 関節芯	2 関節心	3 関節針	4 関節唇

087. レバーのくさみを取るためによく使われるのは？

1 お酢	2 牛乳	3 コーヒー	4 蜂蜜

088. とうもろこしからふさふさと伸びているひげは、とうもろこしの花の何の部分？

1 おしべ	2 がく	3 花びら	4 めしべ

089. 日本語では「砂嵐」と呼ばれることが多いテレビのトラブルを、英語では何という？

1 レインノイズ	2 スノーノイズ	3 ストームノイズ	4 サンダーノイズ

090. ドラマ『偽装不倫』『七人の秘書』『ハコヅメ〜たたかう！交番女子〜』の主題歌を担当したのは？

1 Uru	2 Aimer	3 LiSA	4 milet

091. アナウンサーの必携本『日本語発音アクセント新辞典』を発行する出版社はどこ？

1 朝日新聞出版	2 NHK出版	3 三省堂	4 数研出版

092. イタリアの首都 ローマとほぼ同じ緯度にある日本の都市は？

1 函館市	2 仙台市	3 浜松市	4 熊本市

093. 漢字の「一」の下に三つの丸を描いた「一文字に三つ星」の家紋を用いていた戦国大名は？

1 島津氏	2 伊達氏	3 北条氏	4 毛利氏

094. 宮沢賢治の童話に登場する「ツェ」「ク」「フウ」といえば、どんな動物？

1 イヌ	2 ネコ	3 ネズミ	4 モグラ

095. スピードスケートでフィニッシュの基準になるのはどこの部位？

1 ゴーグル	2 胴体	3 指先	4 靴

096. 世の中の変化に気づかず、古いしきたりにこだわることを、「何に刻みて剣を求む」という？

1 岩	2 腕	3 風	4 舟

097. ふつうのプリンターのインクにあたる、3Dプリンターで使われる糸状の材料を何という？

1 ファイバー	2 フィラメント	3 リガチャー	4 ストランド

098. アフタヌーンティーで提供される、スイーツ以外の塩味のある料理を総称して何という？

1 ライトミール	2 ピーカント	3 ソルティネス	4 セイボリー

099. メキシコを旅行する観光客を苦しめる「モクテスマの復讐」とは、何のこと？

1 高山病	2 時差ボケ	3 食中毒	4 害虫

100.「一眼二足三胆四力」といえば、どんな武道の格言？

1 合気道	2 弓道	3 剣道	4 柔道

　高校生に戻って参加したいなと本気で思っているこうちゃんです。

　実際に参加されたみなさんも、この問題集を手に取っていただいたみなさんも、おそらく「めちゃくちゃ幅広く出題されている」と感じたのではないかなと思います。高校生にとって身近な題材のものもあれば、お酒についてなど、高校生としてただ生きているだけでは知りようもない題材のものまであります。私なら、まずはこの問題集を読んで「こういうジャンルから出題される」というのを意識するかなあと思います。そうすることで「このジャンルだけは全く対策していなかった」というのを防げますし、何より勉強する上での指針になります。「今日はこのジャンルを対策しよう」って決めて勉強できたら、漠然と勉強するよりも効率よく知識を吸収できるのではないかなと思います。具体的には、私は文学や映画が苦手なので、「今日は有名文学者と作品を紐づけて覚えよう」みたいに勉強するんじゃないかなあと思います。というか今も苦手なんだから、WHATに出られなくてもやった方がいいですね（笑）。

　もう1つやるだろうなあと思うのは、第1回WHATで活躍した高校生が普段どんな大会で活躍しているのかを調べて、その大会に参加してみることです。強い人には強い理由があります。その人たちがどんな大会に普段でていて、どういう相手と鎬を削っているのか、これは重大な情報だと思います。大会に参加するのが地理的に難しいという人は、売られている大会の記録集を買ってみるのもいいかもしれません。私は普段、テレビクイズで宇治原さんやカズレーザーさんと戦わなくてはいけないので、彼らがどんな番組でどんな問題に正解していてどんな問題に間違えているかは結構リサーチしています。勝ちたい人・目標にする人がいるなら、その人が持っていそうな知識は全て吸収する気持ちで頑張りたいですね！

　個人的に、クイズは努力が結果に結びつきやすい遊びだなと思っています。今回は全然ダメだったというそこのあなたも、今日から少しずつ勉強を始めたら、次回は輝かしい成績をおさめているかもしれません。頑張ってね！

Semifinal
stage

—— 種目 ——

8時間耐久ボードクイズ

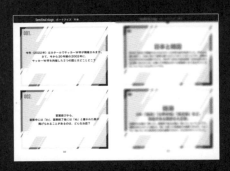

見開きで、左ページにクイズ、
右ページに解答が掲載されています。

001.

今年（2022年）はカタールでサッカーW杯が開催されます。
さて、今から20年前の2002年に、
サッカーW杯を共催した2つの国とはどことどこ？

002.

言葉遊びから、
営業中には「わ」、営業終了後には「ぬ」と書かれた板が
掲げられることがあるのは、どんなお店？

001.

日本と韓国

WHAT 2022が開催されたのはカタールW杯の約半年前でした。日本の出場も決まり、大会に向けて世間も盛り上がってきたころのことです。日韓W杯は2002年の出来事ですから、WHAT 2022の参加資格「2004年4月2日以降に生まれた方」を満たす中高生の方々は開催時にまだ生まれていない、というところもポイントです。

002.

銭湯
○：温泉、公衆浴場、風呂屋など

営業中はお湯が「沸いた」、営業終了後はお湯を「抜いた」ということです。事実を知らなかった場合は、「板」を使った言葉遊びを解釈できるか、「わいた」「ぬいた」から具体的なお店を連想できるか、の2点がポイントでした。

003.

北海道に生息しているこの鳥の名前は？

004.

この画像はある像の一部です。誰の像？

003.

シマエナガ

シマエナガは、かわいらしい見た目から「雪の妖精」と呼ばれることもある鳥です。エナガという鳥の仲間で、名前の「シマ」は「縞」ではなく「島」、生息地である北海道のことをさしています。「シマフクロウ」の「シマ」も同じ意味ですね。

004.

空也
（くうや）

これは「空也上人立像」という仏像で、平安時代の僧・空也の姿をかたどったものです。空也が口にした「南無阿弥陀仏」という念仏の6文字が、6体の阿弥陀仏に変化したという伝承をかたちにしています。教科書に写真がよく掲載されているほか、2022年には東京国立博物館で特別展が開かれたことでも話題となりました。

所蔵・写真提供：六波羅蜜寺

005.

作中に以下の詩（抜粋）が登場する推理小説は何？

Ten little soldier boys went out to dine;
One choked his little self and then there were Nine.

006.

写真のない時代、図鑑に載せるために描かれたこのような図を植物画といいます。さて、この植物は何？

写真提供：Bildagentur-online/PPS通信社

005.

『そして誰もいなくなった』

『そして誰もいなくなった』（原題：『And Then There Were None』）は、イギリスの推理小説家アガサ・クリスティーの作品です。殺人が物語や詩に沿って行われる「見立て殺人」という趣向が用いられており、問題文にある詩に沿って殺人が起こっていきます。この詩は、次の一文で終わっています。"One little soldier boy left all alone; He went and hanged himself and then there were None."（「小さな兵隊さんが一人、あとに残されたら自分で首をくくって、そして、誰もいなくなった」）

※日本語訳は、アガサ・クリスティー『そして誰もいなくなった』（青木久惠訳　ハヤカワ文庫　2010年）より引用。

006.

茶
○：チャノキ

ふだん目にするお茶の葉は乾燥して粉々になった状態だと思うので、葉の形からはピンときづらいかもしれません。右下に描かれている3つで1つになっている種子がじつは大きなヒントで、茶畑を示す地図記号の由来となっています。

007.

「掃苔家」といえば、どんなことを趣味とする人？

008.

あなたの友人のMさんがカレーを3皿作ってきました。
Aの皿、Bの皿、Cの皿とあり、ひとつは激辛だそうですが、
見た目や香りはまったく同じで
Mさん以外には見分けがつきません。
あなたがAの皿を選ぶと、激辛が苦手なMさんはBの皿を選び、
美味しそうに食べ始めました。
そしてあなたに、Cの皿を選び直してもいいよ、と言ってきます。
さて、とにかく激辛を食べたくないあなたは、
どうするのがいいでしょう？
①Aの皿のままにする　②Cの皿に変える　③どちらでも同じ

007.

お墓参り

「掃苔」とは、苔をきれいに取り去ること。転じて「お墓参り」を意味します。「掃苔家」は、歴史上の人物や有名人のお墓を巡ることを趣味とする人のことです。

008.

①Ａの皿のままにする

この問題は、「モンティ・ホール問題」という確率論の有名な問題が下敷きになっています。モンティ・ホール問題は、「男の前に３つの箱があり、１つに賞品が入っている。男が箱を１つ選ぶと、どれが当たりか知っている司会者が、男の選ばなかった箱のうちはずれである１つを開けてみせた。そして司会者は、選ぶ箱を変えてもよいと言う。さて、男は箱を変えるべきか。」というような問題です。モンティ・ホール問題の正解は「箱を変えるべき」なのですが、今回の問題ではひとひねり加えられています。もとのモンティ・ホール問題では１つしかない当たりをぜひ選びたいわけですが、今回の問題では当たりに相当する激辛カレーをなるべく選びたくありません。ということで、本家とは逆の選択肢である「①Ａの皿のままにする」が正解となります。

009.

この写真が撮影された、世界史上の事件は何？

写真：Haeckel Archiv/ullstein bild/時事通信フォト

010.

**特撮映画『ゴジラ』で、
ゴジラの声をつくるのに使われた楽器は何？**

009.

義和団事件

○：義和団の乱、北清事変、団匪事件、拳匪事件

義和団事件は、1899年から翌年にかけて中国で起こった、欧米列強の進出に反対する民衆運動です。北京にまで侵入するなど勢いをもちましたが、日本・イギリス・アメリカ・ロシア・フランス・イタリア・ドイツ・オーストリアの8ヵ国連合軍によって鎮圧されました。問題の写真は、この8ヵ国の兵士を写したものです。

010.

コントラバス

○：ウッドベース

コントラバスは、オーケストラなどで最も低い音を担当する弦楽器。コントラバスの弦の振動にさまざまな加工を施すことで怪獣の恐ろしい鳴き声が作り出されたそうです。

011.

アイドルグループ・嵐のシングルのうち、
現在（2022年）のところ
唯一ミリオンを達成しているのは何？

012.

パン生地や和菓子を入れておくために使う、
このようなケースを何という？

011.

『カイト』

2020年にリリースされた『カイト』は、嵐の活動休止前最後のシングルと
なりました。作詞・作曲を手がけたのは、シンガーソングライターの米津玄
師です。

012.

ばんじゅう

もの自体は、くらしの中で多くの人が見かけたことのあるものだと思います
が、名前まで知っていた人はどのくらいいたでしょうか。身近ななんでもな
いものの名前を知っていることでポイントをもらえるのはクイズのいいとこ
ろです。ちなみに、漢字では「番重」と表記します。　写真提供：三甲株式会社

013.

この絵のタイトルは何？

写真提供：Artothek/アフロ

014.

ガス入り電球を発明したほか、
物質の第４の状態を「プラズマ」と命名した
業績で知られるアメリカの化学者は誰？

『ピレネーの城』

『ピレネーの城』はベルギー生まれの画家ルネ・マグリットの作品です。マグリットは、『白紙委任状』や『イメージの裏切り』などの、見る者の認識を巧みに揺るがす作品で知られており、『ピレネーの城』も代表作のひとつです。

アーヴィング・ラングミュア

ラングミュアは主に20世紀前半に活躍した化学者です。「界面化学」という分野の研究が評価され、1932年にノーベル化学賞が授与されました。

015.

歴代の新語・流行語大賞で、
「壁ドン」がランクインしたのは2014年ですが、
「『壁』開放」が選ばれたのは何年？

016.

アウトドアでよく使われる
丈夫なロープ「パラコード」の「パラ」とは
何という言葉の略？

015.

1989年

1989年11月9日、長らく東西ベルリンを隔てており、冷戦構造の象徴となっていたベルリンの壁が壊されました。「『壁』開放」は、この出来事に由来する言葉です。新語・流行語大賞が始まったのは1984年のことです。30年以上も続くと色々な言葉があるものですね。

016.

パラシュート

パラコードは、パラシュートの傘の部分と人の体とをつなぐために使われているロープです。「パラ」から始まる言葉はいくつか思いつくと思いますが、「丈夫なロープ」というところから正解の言葉を選択できた人は少ないのではないでしょうか。

017.

北九州地域などに現在も残る「ボタ山」とは、
何を採掘した際に出るゴミを積んだもの？

018.

昨年（2021年）の東京2020オリンピックにおいて、
男女ともに日本人が金メダルを獲得したのは、
「何という競技のどの種目」？

017.

石炭

北九州にはかつて筑豊炭田をはじめとする石炭の産地が多くありました。明治時代に八幡製鉄所が置かれたのも、燃料となる石炭の産地が近かったことが理由のひとつとされています。

018.

スケートボードのストリート

スケートボードは東京2020オリンピックから実施された新競技。ストリート種目では男子は堀米雄斗が、女子は西矢椛がそれぞれ金メダルを獲得しました。特に西矢選手は当時13歳330日と、日本人金メダリストの最年少記録を更新したことでも話題となりました。また、別種目のパークでは開心那が銀メダルを獲得し、12歳343日と、日本人メダリストの最年少記録を更新しています。

019.

循環小数「0.123123123……」を
既約分数の形で書き下しなさい。

020.

連続テレビ小説『あさが来た』と大河ドラマ『青天を衝け』で
ともにディーン・フジオカが演じた、
明治初期に大阪の実業界で活躍した薩摩藩出身の人物は誰？

019.

41/333

循環小数は、次のようなやり方で簡単に分数に直すことができます。まず、「0.123123123……」をxとしましょう。このxを1000倍したもの、つまり1000xを考えると、それは「123.123123123……」となります。この1000xとxの引き算を考えます。小数での表記を見てみると、1000x、「123.123123123……」の小数点以下の部分は、「0.123123123……」、つまりxと同じ値です。したがって、1000x−x=999xの値は、123であるということがわかります。つまり999x=123です。ここまでくるとあとは簡単です。x=123/999となりますから、約分して、41/333が答えとなります。

020.

五代友厚
ご だい とも あつ

これは偶然の一致、というわけではなく狙ってキャスティングされたもの。『あさが来た』と『青天を衝け』はともに大森美香が脚本を手がけています。朝ドラと大河で登場人物が重なるのはレアなケースということで、注目を集めました。

021.

これらは何？

022.

【カナ解答は×】
ある有名な小説の中のエピソードから
「想像上の敵」という意味ももつようになった英単語は何？

021.

マウスピース

管楽器の吹き口のところの部品をマウスピースといいます。問題の画像は、左から順にトロンボーン、ホルン、トランペットのものです。部品だけ取り上げて見てみると気がつくのが難しかったかもしれませんね。

022.

windmill

windmill は「風車」を意味する英単語。「ある有名な小説」というのはセルバンテスの『ドン・キホーテ』です。作中の有名なエピソードで、ドン・キホーテは風車を巨人であると信じ込み、風車に突撃していきます。

023.

ノイズキャンセリングイヤホンで打ち消すことが難しいのは、
高い音、低い音のどちら？

024.

（2022年5月当時）最年少の選手は28歳の岡田紗佳、
最年長の選手は67歳の沢崎誠。
この日本のプロリーグは「何リーグ」？

023.

高い音

多くのノイズキャンセリングイヤホンでは、周囲の音に対して、その音と逆の位相の音を当てることで騒音を打ち消しています。したがって、この処理が高い音と低い音とではどちらが大変か、ということを考えることになります。

024.

Mリーグ

Mリーグは麻雀のプロリーグです。さまざまな年齢・性別の選手が活躍しているというところから、いわゆる身体を使うようなスポーツではないだろうと推測できた人も多いかもしれません。大会から日が経って、本書出版時点（2023年2月）では59歳の近藤誠一が最年長となっています。

025.

スティーブン・スピルバーグ監督による映画版が
今年（2022年）日本でも公開された、
『アメリカ』『トゥナイト』などの劇中歌が歌われる、
ニューヨークが舞台のミュージカルは何？

026.

文部科学省が2019年に打ち出した、
小中学校の児童・生徒に
1人1台のコンピュータと高速ネットワークを
配備する政策を「何構想」という？

025.

『ウエスト・サイド・ストーリー』
○:『ウエスト・サイド物語』

『ウエスト・サイド・ストーリー』は、レナード・バーンスタイン作曲のミュージカルです。物語はシェイクスピアの『ロミオとジュリエット』に着想を得たものであり、ジェット団とシャーク団という対立する不良グループが登場します。

026.

GIGAスクール構想

「GIGA」はGlobal and Innovation Gateway for Allを略したもの。この政策によって、全国の小中学校ではすでに1人1台のタブレット端末が導入されています。

027.

井上雄彦の漫画『リアル』の題材となっている、
日本には70個ほどのチームが存在するスポーツは何？

028.

何の数のランキング？

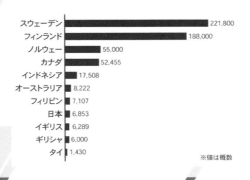

国	値
スウェーデン	221,800
フィンランド	188,000
ノルウェー	55,000
カナダ	52,455
インドネシア	17,508
オーストラリア	8,222
フィリピン	7,107
日本	6,853
イギリス	6,289
ギリシャ	6,000
タイ	1,430

※値は概数

027.

車いすバスケットボール

『リアル』は『週刊ヤングジャンプ』で1999年から連載されている井上雄彦作の漫画です。井上雄彦は他にも、『SLAM DUNK』や『BUZZER BEATER』などのバスケットボールを題材にした漫画を描いています。

028.

島の数

データを読み解いて解答する問題でした。日本の値や、上位の国々の顔ぶれなど、さまざまなルートから答えに迫ることができると思います。

029.

以下は久保田万太郎の俳句です。
空欄に入る料理は何？

（　？　）やいのちのはてのうすあかり

030.

この岩山をモチーフとしたロゴを使っているブランドは何？

029.

湯豆腐

「湯豆腐やいのちのはてのうすあかり」。小説家・劇作家として活躍した俳人・久保田万太郎の晩年の句です。万太郎は愛する人に先立たれ、孤独な晩年を過ごしていました。湯気の立つ白い豆腐には確かに独特の寂しさが感じられます。

030.

THE NORTH FACE

この写真は、アメリカはカリフォルニア州のヨセミテ国立公園にある「ハーフドーム」という岩山です。アウトドア用品ブランド・THE NORTH FACE の特徴的なロゴは、この岩山をモチーフにデザインされました。

031.

イギリスの製薬会社 グラクソ・スミスクラインが開発した
「モスキリックス」は、
何という感染症を予防するためのワクチン？

032.

「大空を雨でひと洗いする」ということから、
空がからりと晴れ渡ることを意味する四字熟語は何？

031.

マラリア

マラリアは熱帯・亜熱帯地域にみられる感染症です。ハマダラカという蚊の一種によって媒介されます。蚊は英語で「モスキート（mosquito）」といいます。「モスキリックス（Mosquirix）」という名前から、もしかしたら思いつくことができたかもしれません。

032.

へきらくいっせん
碧落一洗

「碧落」は綺麗に晴れ渡った空のことを、「一洗」はすっきりと洗い流すことを意味します。ちなみに、漢検では準一級相当の四字熟語です。

033.

歴代アメリカ大統領のうち、
カトリック教徒である2人とは誰と誰？

034.

陽子の質量は電子の質量の約 $1.84 \times 10^{(?)}$ 倍である。
（?）に入る整数は？

033.

ジョン・F・ケネディと
ジョー・バイデン

アメリカではキリスト教プロテスタントの信者が多く、カトリックの人は少数派です。カトリックの大統領は長らくジョン・F・ケネディただひとりで、2021年にジョー・バイデンが大統領に就任した際にはこのことが話題になりました。

034.

3

この世界の物質は原子という小さな粒子が集まってできています。この原子をさらに細かく見ていくと、原子は陽子、中性子、電子という3種類の粒子からなることがわかります。陽子と電子は、電気の量の観点では（正負の符号は反対ながら）同じ大きさの電気を帯びているのですが、質量の観点では1000倍のオーダーの差があります。

035.

東京藝術大学の
美術学部絵画科をはじめとする一部の学科では、
卒業のために卒業制作以外の
「ある作品」を提出する必要があります。
それはどんな作品？

036.

684年に天武天皇により制定された、
真人から稲置までの8つの称号を何という？

035.

自画像

東京藝術大学は、東京美術学校時代から伝統的に卒業生の自画像作品を収集し続けています。美術を専門に修めた学生たちが学生生活の最後に残す自画像とは、どのようなものなのでしょうか、気になりますね。

036.

八色の姓
○：「天武の新姓」「はっしきのせい」
「はっしきのかばね」

姓というのは、古代の豪族や貴族の家柄を示す称号です。八色の姓の制定には、氏族を天皇中心に再編成し、新たな身分秩序を作り出す意図があったと考えられています。

037.

この容器に
入っていたものは何？

038.

化学の分野で使われる「pH」とは、
溶液中の何の濃度を表す指標？

037.

ごま油

国内売上シェア1位※のごま油メーカー・かどやの製品の容器です。ごま油といえばこの形、というイメージはありますが、逆から思いつくことはできたでしょうか。

※メーカー調べ　　協力：かどや製油株式会社

038.

水素イオン

pHは化学の分野で酸性・塩基性の度合いを示すのに使用される尺度ですが、具体的には水素イオンの濃度を示しています。pHの「H」は水素を意味する「Hydrogen」のHです。

039.

以下のラインナップがノミネートされており、
2週間後（2022年5月22日）に
選考会が予定されている文学賞は何？

逢坂冬馬『同志少女よ、敵を撃て』
一穂ミチ『スモールワールズ』
今村翔吾『塞王の楯』
佐藤究『テスカトリポカ』
澤田瞳子『星落ちて、なお』
米澤穂信『黒牢城』

040.

フランス革命初期の1789年8月に国民議会で採択された、
自由や平等、国民主権を明言した宣言は何？

039.

高校生直木賞

高校生直木賞は、全国の高校生が審査員となって受賞作を選ぶ文学賞です。最終候補作は直近1年間の直木賞の候補作から選ばれます。直木賞の候補作を見たことがあれば、この賞自体の候補作はチェックしていなくても思いつくことができたかもしれません。ちなみにこの回は、逢坂冬馬『同志少女よ、敵を撃て』が受賞作となりました。

040.

人権宣言
○：フランス人権宣言、人および市民の権利宣言

フランス革命は、それまでの絶対王政を打破し、市民が国を統治する共和政を樹立した革命でした。そのなかで発せられた人権宣言は、のちに世界各国で制定された憲法に大きな影響を与えています。

041.

これはどこで撮られた写真？

042.

QRコード先の音を聞いてください。
何が始まるときの音？

041.

東京駅

写真に写っているのは、鉄道の起点を示す「0キロポスト」という標識です。
東京駅は多くの鉄道路線の起点となっているので、このような0キロポスト
が数ヵ所にあります。写真のものは中央本線の0キロポストです。東京駅の
駅舎を連想させる赤レンガの土台が使われています。

042.

20mシャトルラン
○：シャトルラン

音声を流して出題する予定の問題でした。当日は意図しないタイミングで音
声を流してしまい、無効となりました。このラウンドの問題は80問全体の
バランスを考えて制作しているので、無効とした問題も掲載しています。

043.

最近トレンドとなっている、
お腹が見えるトップス、ミニ丈のスカート、
厚底シューズなどのファッションのことを、
2000年頃に流行っていたことから
「何ファッション」という？

044.

以下の文の空欄を埋めてください。
江戸幕府初代将軍・徳川家康は（　①　）城で生まれ、
（　②　）城で亡くなった。

043.

Y2Kファッション

「Y2K」のYはYear、2Kは2 kiloすなわち2000を意味します。現代風のアレンジを取り入れつつ、2022年に幅広く流行しました。

044.

①竜、竜が、竜ヶ　②静岡、府中

岡崎城は現在の愛知県岡崎市に、駿府城は現在の静岡県静岡市に位置したお城です。教科書で覚えるというよりは、大河ドラマなどのコンテンツで触れることの多い題材かもしれません。2023年の大河の主人公も徳川家康です。

045.

日本の刑法で、従来の懲役刑と禁錮刑を一本化する形で
新設される見通しとなっている自由刑は「何刑」？

046.

【漢字で解答】
古語では「手紙」、
現在の日本語では「連絡」や「事情」
といった意味で使われる漢字二文字の熟語は何？

045.

拘禁刑

拘禁刑は、2025年から施行される予定の改正刑法で導入されます。刑務作業の義務があるかないかで区別されていた懲役刑と禁錮刑を一本化することで、受刑者の特性に応じた処遇が可能になるとされています。

046.

消息

消は死、息は生を意味し、もともとは物事のありさまやうつりかわりをさした言葉です。そこから転じて、古語では主に手紙をさして使われます。現在の日本語では「消息を絶つ」「消息を尋ねる」などの使い方で、「連絡」や「事情」のことを意味します。

047.

ピクサーのアニメ映画
『バグズ・ライフ』や『トイ・ストーリー2』の
エンドロールで流されるのは、
アニメ映画では有り得ないはずのどんな映像？

048.

化粧品会社のポーラにより、「好中球エラスターゼ」という
タンパク質分解酵素が形成に関わっていると
明らかにされたのは、お肌にできるどんなもの？

047.

NG シーン
○：NG集

映画やドラマの撮影でミスなどがあって使えなかったシーンをNGシーンといいます。NGシーンをまとめて流すのは、ジャッキー・チェン主演の映画などで定番の演出です。アニメーションでの再現には遊び心を感じますね。

048.

シワ

ポーラの研究により、皮膚のシワは、物理的な圧力で折り目がつくというだけではなく、圧力を受けた部分に好中球が集まることで皮膚の内部構造が破壊され形成されやすくなるということがわかっています。実際に、好中球エラスターゼのはたらきを抑える成分を用いることでシワが改善するそうです。

049.

この表紙の本の作品名は？

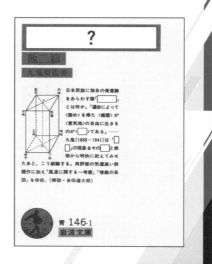

050.

この板を材料に作られるものは何？

049.

『「いき」の構造』

『「いき」の構造』は、哲学者・九鬼周造（くき　しゅうぞう）の著書です。西洋哲学の方法で日本独特の美意識である「いき」を分析したものです。この表紙は岩波文庫のもので、掲載されている図は文中にも登場します。

協力：株式会社岩波書店

050.

鉛筆

以降の工程は次のようになります。
この木の板の溝に鉛筆の芯をはめる→同じ板を上からもう一枚くっつける→
断面が六角形になるよう芯の周りを削る→１本１本を切り離す

写真提供：三菱鉛筆株式会社

051.

【漢字で解答】
バレーボール選手の石川、お笑い芸人の平子、
アイドルの与田、俳優の天海に共通する下の名前は何？

052.

この部屋がある建物は何？

051.

祐希
ゆう　き

石川祐希は日本代表のエースとして活躍するバレーボール選手、平子祐希は
お笑いコンビ・アルコ＆ピースのメンバー、与田祐希は乃木坂46の3期生、
天海祐希はかつて宝塚歌劇団に所属していた俳優です。それぞれ違う領域で
活躍している4人が名前によって結び付けられた問題でした。ちなみに、
「ゆうき」という名前だとわかった上で、漢字を考えなくてはならないとい
うところもこの問題のポイントです。

052.

ヴェルサイユ宮殿
○：ベルサイユ宮殿

ヴェルサイユ宮殿はパリ郊外に位置する宮殿で、かつてフランス国王の居城
として利用されました。この部屋は、ヴェルサイユ宮殿の中でも特に有名な
「鏡の間」とよばれる部屋です。

053.

次のうち、88星座にないものをすべて答えてください。
①イグアナ座　②かためがね座　③こじし座
④さいだん座　⑤とけい座　⑥ぶんどき座
⑦ぼうえんきょう座　⑧ほうおう座

054.

この絵を描いたのは誰？

053.

①イグアナ座
②かためがね座
⑥ぶんどき座

こじし座は北天の小さな星座、さいだん座、とけい座、ぼうえんきょう座、ほうおう座は南天にあり日本で見る機会の少ない星座です。自信をもてない部分をどう選んだかが勝負を分けたかもしれません。ちなみに、イグアナ座はありませんがカメレオン座はあります。ぶんどき座はありませんが、コンパス座やじょうぎ座はあります。かためがねとはモノクルとも呼ばれる、片方の目だけにつける眼鏡のことです。さらにちなみに、めがね座もありません。

054.

みや　もと　む　さし
宮本武蔵

この絵は『枯木鳴鵙図』というタイトルの水墨画です。「鵙」とはモズのことで、枯れ枝にとまるモズとその枝を這い上る虫を鋭い筆致で描いています。剣士として有名な宮本武蔵ですが、剣の道の他にも画や書などさまざまな分野で非凡な才能を発揮したことが知られています。

055.

次の3つの文がともに登場する小説は何？

何故だかその頃私は見すぼらしくて美しいものに
強くひきつけられたのを覚えている。

その日私はいつになくその店で買物をした。

──それをそのままにしておいて私は、
なに喰わぬ顔をして外へ出る。──

056.

何という金属元素の結晶？

055.

『檸檬(れもん)』

『檸檬』は梶井基次郎(かじいもとじろう)が残した短編です。「えたいの知れない不吉な塊」に悩まされる主人公のある日の体験が、詩的な文章で綴られます。問題文で挙げた3つの文章は、それぞれ、主人公が心情を語る冒頭部分、主人公がレモンを買う部分、主人公が丸善にレモンを置き去りにする部分に登場します。あらすじや文章の雰囲気を連想できるかがポイントだったかもしれません。

056.

ビスマス

ビスマスは原子番号83の元素で、結晶の美しさが特に知られています。実物は虹色に光って見えるのですが、これは表面の酸化被膜で光が干渉することで起こる「構造色」という現象によるもので、身近なところではシャボン玉やCDの記録面にも見られます。

057.

「塒」「飯匙倩」「蟒」
これらの漢字から連想される生き物は何？

058.

今年（2022年）1月、
売れ残った新品の衣類の廃棄を禁止する法律が
世界で初めて施行されたヨーロッパの国はどこ？

057.

ヘビ
○：ハブ

それぞれ「とぐろ」「はぶ」「うわばみ」と読みます。とぐろはヘビが体を渦巻き状にした状態のこと、ハブは沖縄などに生息する毒ヘビ、うわばみは大きなヘビのことです。
ちなみに「塒」は「ねぐら」とも読みます。

058.

フランス

国連貿易開発会議（UNCTAD）の報告で、ファッション業界は「世界で2番目の環境汚染産業」といわれています。この問題の解決に向け、ファッション業界に大きな影響力をもつフランスが動き出しました。今後の各国の動向にも注目が集まります。

059.

京セラドーム大阪を本拠地球場とする
日本プロ野球のチームはどこ?

060.

昭和11年の完成当時は日本一の高さを誇り、
「白亜の殿堂」と称された建物は何?

059.

オリックス・バファローズ
○：オリックス、バファローズ
（バッファローズは×）

オリックス・バファローズは、2005年にオリックス・ブルーウェーブと大阪近鉄バファローズが統合してできた球団です。京セラドーム大阪は、もともと大阪近鉄バファローズの本拠地でした。

060.

国会議事堂

高さは65.45m。国会議事堂を正面から収めた写真では実感しにくいかもしれませんが、中心の最も高い部分は9階まであります。建設に当たっては最高品質の国産品がふんだんに使用されました。

061.

バーベキューの際に行うことがある「ミシシッピテスト」とは、
道具などを使わずに何を確かめる方法？

062.

どこの国のお祭り？

右上の写真提供：Tao Images/PPS通信社

061.

（火の）温度
○：火加減など

ミシシッピテストのやり方を説明します。
①網の上20cmほどのところに手をかざします。
②その状態で、「ワン・ミシシッピ、トゥー・ミシシッピ、……」と数えていきます。
③耐えられなくなったらそこで手を離して、カウントをやめます。3くらいまでで耐えられなくなったらかなりの高温、それより多ければ中くらい、10を超えていたら低温、というように考えます。
原始的な方法ですが、火加減の勘を養うのにも役立つようです。

062.

タイ
○：タイ王国

ピーターコーン（左）は6〜7月ごろに行われるお祭りで、仏教の説話をもとにした仮装が見どころとなっています。ソンクラーン（右上）は4月に行われるお祭りで、街ゆく人々が水を掛けあう「水掛け祭り」として知られています。ロイクラトン（右下）は10〜11月に行われるお祭りで、灯籠が川を流れる幻想的な光景で有名です。

063.

このようにドットの集まりで画像を表現する
形式のことを「ベクタ形式」に対して「何形式」という？

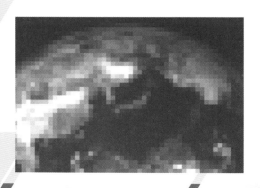

064.

今年（2022年）のアカデミー作品賞を受賞した
映画の題材にもなった「CODA」とは、
どんな人たちのこと？

063.

ラスタ形式
○：ビットマップ

画像の表現方法には大きく分けてラスタ形式とベクタ形式の２種類があります。ベクタ形式は画像を図形の集まりで表現する形式、ラスタ形式は問題文にあるようにドットの集まりで画像を表現する形式です。ラスタ形式の画像を拡大すると、画像が粗くなりひとつひとつのドットが見えるようになります。当日はこれを、『東大王』の世界遺産に上空からズームインするクイズのようにして出題しました。

064.

耳の聞こえない（聞こえにくい）親のもとに生まれた、耳の聞こえる子ども

CODA は Children of Deaf Adults を略した言葉で、2022年のアカデミー作品賞『コーダ あいのうた』の題材となりました。

065.

アルプス山脈を越えて北イタリアに侵入するなど、
第2次ポエニ戦争でローマ軍を相手に活躍したが、
最後はザマの戦いで敗れたカルタゴの将軍は誰？

066.

1バイトで表すことのできるデータは何通り？

ハンニバル

古代ローマと、現在のチュニジアにあった古代都市カルタゴは、地中海の覇権をめぐって3度にわたるポエニ戦争を戦いました。戦争の結果カルタゴは滅び、古代ローマが支配領域を広げることになりました。

256通り
○：2の8乗通り

データは1と0の組み合わせで表現することができます。1ビットでデータを表現する、というとき、これは各桁に1か0を用いた1桁の数で表現することを意味するので、1か0かの2通りを表現できます。2ビットならば、2桁なので11か10か01か00かの4通りです。このように、ビット数が1増えるごとに表現できるデータは2倍に増えていきます。1バイトは8ビットに等しいので、2の8乗で256通りとなります。

067.

娯楽のためだけではなく、
現実的な社会問題の解決などをテーマとして
開発されたゲームのことを「何ゲーム」という？

068.

百円玉を差し込んで、数字の1が見えたら買い替え間近。
さてこれは、何の点検方法？

067.

シリアスゲーム

シリアスゲームという言葉の歴史は1970年代にまで遡りますが、よく取り上げられるようになったのは2000年代以降です。近年は教育現場での活用も進んでいます。

068.

スタッドレスタイヤ
○：タイヤ

スタッドレスタイヤは一定以上すり減ると走行できなくなるため、定期的にすり減り具合を確認して買い替えに備える必要があります。溝の深さを知るために何かものを差し込むとよいのですが、そこでよく使われるのが百円玉、ということです。

069.

四字熟語の「百舌勘定」と
故事成語の「漁夫の利」の由来となった話で、
共通して損をした鳥は何？

070.

中国で明が成立したときの日本は、何幕府の時代？

069.

シギ

勘定のときに他人にばかり支払いをさせようとすることを「百舌勘定」といいます。モズがシギとハトを言いくるめて勘定をさせたというお話に由来します。他人の争いに乗じて楽に利益を得ることをたとえて「漁夫の利」といいます。シギとハマグリが争っているところに漁夫が通りかかり、やすやすと両者を捕まえてしまった、という故事に由来します。

070.

室町幕府

日本と中国の交流の歴史についての出題でした。さまざまな道筋から解答することができると思います。室町幕府が行った「勘合貿易」の相手が明であることを思い出すのがもっとも簡単でしょうか。

071.

QRコード先の音楽を聴いてください。
この曲を作曲した人物は誰？

072.

日本の歴史上「大和魂」という言葉が
初めて登場する書物は何？

メンデルスゾーン

メンデルスゾーンが作曲した『結婚行進曲』を聴いて、作曲者、つまりメンデルスゾーンを答える問題でした。『結婚行進曲』は実際に結婚式などでよく流される馴染みのある曲ですが、作曲者にまで目を向けられるかどうかは違いの出るところかもしれません。

『源氏物語』
○：『源氏物語』の「少女（おとめ）」

『源氏物語』の「少女」の巻には、次のような表現が登場します。「才をもとしてこそ、大和魂の世に用ゐらるる方も強うはべらめ」。漢学を基本としてこそ、実務の才が世間に重んじられるのも確実なことでしょう、というような意味です。「大和魂」という言葉は、漢学を日本の実情に合うように用いる能力、といった意味で用いられており、現在使われる意味とは印象がかなり違います。

073.

真核生物の細胞内にある
ミトコンドリアや葉緑体といった器官は、
別の原核生物を取り込んだものであるとする仮説のことを
「何説」という？

074.

翌年のテレビ中継開始を見据えて、
1952年に大相撲の土俵からなくなったものは何？

073.

細胞内共生説
○：共生説、入れ子説

細胞内共生説によると、ミトコンドリアや葉緑体はバクテリアの一種に由来するとされています。ちなみに、問題文では「仮説」と書きましたが、細胞内共生説は現在の生物学において定説となっています。

074.

四本柱
○：「柱」など

もともと土俵の四隅には四本柱とよばれる柱が立っており、その上に屋根を設けていました。テレビ中継で見やすいよう、四本柱は撤廃され、代わりに現在のつり屋根と四色の房が設置されるようになりました。

075.

この仏具は何？

076.

このような図を何という？

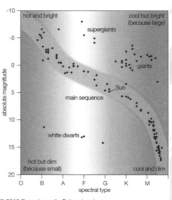

© 2012 Encyclopædia Britannica, Inc.

写真提供：Alamy/PPS通信社

075.

おりん
○：鈴

おりんは仏壇に置かれる仏具のひとつです。当日は現物を会場で鳴らし、見た目だけでなく音色も含めてヒントとしました。

076.

HR図
○：ヘルツシュプルング・ラッセル図

縦軸に星の絶対等級を、横軸に星の表面温度を表すスペクトル型をとって、星々をプロットした図のことをHR図（ヘルツシュプルング・ラッセル図）といいます。恒星の内部構造や進化過程を明らかにするために用いられます。

077.

世界文化遺産「古都京都の文化財」の構成資産のうち唯一、
お寺でも神社でもないものは何？

078.

2014年から2019年までの間、
一時的に「日本円」を法定通貨としていた国はどこ？

077.

二条城
(に じょうじょう)

「古都京都の文化財」は、京都と滋賀にある17件の施設からなる世界文化遺産です。17件のうち、13件はお寺、3件は神社です。二条城は、徳川家康によって建てられ、江戸幕府の京都における拠点となったお城です。幕末には徳川慶喜による大政奉還の舞台となったことで知られています。

078.

ジンバブエ共和国

2009年、天文学的なハイパーインフレに見舞われ極度の経済混乱に陥ったジンバブエは、信用を失った自国通貨の代わりとして、複数の外国の通貨を法定通貨とする複数外貨制を導入しました。対象となる通貨は段階的に増やされ、日本円も2014年に法定通貨となりました。この事実を直接は知らなかった場合でも、経済の不安定な国であろうと推測して正解できた人がいるかもしれませんね。

079.

映画人・チャップリンの名言。
空欄に入る言葉はそれぞれ何？
「人生はクローズアップで見れば（　①　）だが、
ロングショットで見れば（　②　）である」

080.

「『知』が尊重され、
一人ひとりが創造力を発揮したくなる社会を実現する」
をミッションに掲げる、
英語での略称をJPOという日本の省庁はどこ？

079.

①悲劇
②喜劇

チャーリー・チャップリンは、数々のコメディ映画を手がけた映画監督・俳優です。ユーモアのなかに社会風刺や人々の悲しみを織り交ぜた作品を残しています。

080.

特許庁

JPOはJapan Patent Officeの略。Patentは特許のことです。「『知』が尊重され、一人ひとりが創造力を発揮したくなる社会を実現する」ためにはどんなことがあれば都合がよいか、を考えることができれば正解にたどり着けたかもしれません。

大会の動画を作るにあたって❶
ふくらP

こんにちは、ふくらPです。

WHATというプロジェクトを動かすにあたって、大会長の河村と事前に決めていたことがあります。それは、動画のためにクイズ大会をするのではないということ。もちろん最終的に動画にはするのですが、いい動画にすることではなく、いいクイズ大会にするのを第一目標としました。たとえば、8時間耐久というぶっ飛んだ企画も、動画映えするように考えられた訳ではなく、知識量をはかるのに十分な問題数をプレイするためにはこれくらい欲しいという河村の大会への想いから生まれたもの。長すぎて動画に入りきらないからもっと問題数の少ないルールにする、なんてことは行わないのです。その上で、クイズ大会を魅力的に見せる。それが僕のミッションでした。

それを踏まえて僕が目指したのは大きく2つ。1つは視聴者さんに一人ひとりを好きになってもらうこと。もう1つはプレイヤーに思い出を振り返るツールにしてもらうこと。

前者は特にFinal stageで心がけました。みんなの表情やプレイスタイルが大きく出るラウンドだからです。試合に入る前にみんなのプロフィールを挿入したのもこれが狙い。「このプレイヤーはお笑い好きなのか。僕も同じだから応援しようかな」とかそういう出発点でもいいんです。個人にフォーカスが当たれば好きになってもらいやすいと考えました。所属している部活を書いてもらったら同じ部活の視聴者さんが親近感持てるかなとも考えたのですが、プレイヤーのほとんどがクイズ部になりそうなのでやめました（笑）。

前者だけならFinal stage以外は全カットでもいいのでは、ということになっちゃうのですが、後者も譲れないのでそうはしませんでした。Final stageに上がった10人だけでなく、参加してくれたみんなが、自分の参加したクイズ大会WHATを一生の思い出にして欲しいのです。MCトーク中の緊張、シンキングタイム中の焦り、正解を聞いた瞬間の安堵。そういうものがいつでも思い出せる動画になっていたら嬉しいです。

Final

stage

3ラウンド制早押しクイズ

見開きで、左ページにクイズ、
右ページに解答が掲載されています。

001. 50年前のちょうど今日、日本に返還され本土復帰を果たした都道府県はどこ？
※大会当日は2022年5月15日

002. 2021年6月19日にプレイされた最初の問題の答えは「CIGAR」であった、今年（2022年）大流行した英単語推測ゲームは何？

003. 『ちょうちょう』や『さくら さくら』といった唱歌の冒頭にも見られる、運動会の応援などでなじみ深いリズムは何？

004. 気温の変化に強い時計をつくる過程で発明された、熱膨張率の異なる2種類の金属板を貼り合わせた金属材料を何という？

005. 時間とともに増える賞金の獲得を目指し、参加者が黒スーツ姿のハンターから逃げ回る、フジテレビ系列で放送される特番は何？

006. これを具材として加えたタルタルソースはカルディの人気商品になっている、大根を使った秋田名物のお漬物は何？

007. 優勝した選手は2000点のランキングポイントを獲得できる、テニスの国際大会の中で最高峰とされる4つの大会を総称して何という？

001. 〉 **沖縄県**

002. 〉 **Wordle**

003. 〉 **三三七拍子**

004. 〉 **バイメタル**

005. 〉 **『逃走中』**

006. 〉 **いぶりがっこ**

007. 〉 **グランドスラム**　　　　　○：４大大会

008. 理想社会を目指し「新しき村」という共同体を建設した、『お目出たき人』や『友情』などの作品で知られる白樺派の小説家は誰？

009. 先月（2022年4月）、約8年間の連載に幕を下ろした、明治末期の北海道や樺太を舞台に金塊を巡るバトルを描いた野田サトルの漫画は何？

010. バージョンの数字はアップデートのたびに円周率に近づいていく、数学者のドナルド・クヌースが開発した数式を綺麗に書くことができる文書作成システムは何？

011. 再開発により歴史的景観が損なわれたとして、昨年（2021年）世界遺産登録を取り消されたイギリスの港湾都市はどこ？

012. 季節感を大事にするため北海道では1ヵ月遅れで開催される、シールを集めると白いお皿がもらえる山崎製パンのキャンペーンは何？

013. 今年（2022年）4月、「プライム」「スタンダード」「グロース」の3つの市場区分に再編された日本の証券取引所は何？

014. 福沢諭吉は綴りを見て「コルリ」という発音だと推測した、ある家庭料理を意味する英単語は何？

008. 〉 **武者小路実篤**
　　　（むしゃのこうじさねあつ）

009. 〉 **『ゴールデンカムイ』**

010. 〉 **TeX**
　　　○：テフ、テック
　　　×：テックス

011. 〉 **リヴァプール**

012. 〉 **（ヤマザキ）春のパンまつり**

013. 〉 **東京証券取引所**

014. 〉 **カレー**

015. デモで行われるシュプレヒコールを考案した人物ともされる、1916年にローザ・ルクセンブルクらとスパルタクス団を結成したドイツの革命家は誰？

016. 昨年（2021年）のM-1ファイナリストで、ランジャタイの「幸司（こうじ）」とオズワルドの「俊介（しゅんすけ）」に共通する名字は何？

017. 燕（えん）の昭王（しょうおう）が賢者を集める方法を求めた故事に由来する、「大きな物事をなすためにはまず身近な物事から着手すべきである」という意味の言葉は何？

018. キャラクターの衣装のアイデアを得るためウォルト・ディズニーも購読していたという、黄色い縁取りがついた表紙でおなじみのアメリカの科学雑誌は何？

019. 青地に白で「0123」と書かれたトラックや段ボールでおなじみの、大手引越し業者は何？

020. 昨年（2021年）には「ともに」という言葉がバッハ会長の提案により後ろに付け足された、IOC設立当初から掲げられてきたオリンピックのモットーは何？

021. 沖合を北上するベンゲラ海流の影響を受けて形成された、アフリカ大陸南西部に広がる砂漠は何？

015. > カール・リープクネヒト

016. > 伊藤

017. > 隗より始めよ　　　　　　　　　　○：先ず隗より始めよ

018. > 『ナショナルジオグラフィック』

019. > アート引越センター

020. > 「より速く、より高く、　○："Citius, Altius,
　　　より強く」　　　　　　Fortius"

021. > ナミブ砂漠

022. 病弱な若だんなの一太郎が、妖(あやかし)たちと協力して江戸の難事件・珍事件を解決していく、畠中恵(はたけなかめぐみ)の小説シリーズは何？

023. イギリスの医師 フォールズが指紋鑑定法を考案する際のヒントになった、約１万年前の日本で作られ始めた土器は何？

024. 切り口が星形になることを生かして七夕メニューに使われることも多い、きざむとぬめりが出ることが特徴の緑の夏野菜は何？

025. 収録されている文字のうち半分以上を漢字が占めている、世界の文字コードを統一するために作られた業界規格は何？

026. 投資におけるリスク分散の重要さを説いた格言で、「一つのカゴに盛ってはいけない」といわれるものは何？

027. 橋本悠(はしもとゆう)の『2.5次元の誘惑(リリサ)』と福田晋一(ふくだしんいち)の『その着せ替え人形(ビスク・ドール)は恋をする』は、どちらもどんなサブカルチャーを題材にした漫画？

028. 映画化された際には森繁久彌(もりしげひさや)と淡島千景(あわしまちかげ)が夫婦役を好演した、大阪を舞台にだらしない夫としっかりものの妻の暮らしを描いた織田作之助(おださくのすけ)の小説は何？

029. 作者の自画像とされる白い生物、蟻のたかった金時計、溶けたチーズのような時計などが描かれている、サルバドール・ダリの絵画は何？

030. 現在（2022年5月）5冠の将棋棋士 藤井聡太が、2020年に初めて獲得したタイトルは何？

031. 杜甫の詩『春望』の背景となっている、唐代中期に安禄山と史思明が起こした反乱は何？

032. 人工衛星から金属の粒を放って再現するプロジェクトも計画されている、地球の大気に飛び込んだちりが輝いて見える現象は何？

033. たった1人のエースストライカーを生み出すための過酷なサバイバルに高校生たちが挑むというあらすじの、金城宗幸原作のサッカー漫画は何？

034. レトルトカレー、インスタントラーメンと並んで「戦後の食品三大発明」に数えられる、ある海産物に食感や風味を似せた練り物は何？

035. 第1回ノーベル生理学・医学賞の候補になるも共同研究者のベーリングに敗れ受賞を逃している、破傷風菌の純粋培養や血清療法の開発などの業績を残した日本の細菌学者は誰？

029. 『記憶の固執』

030. 棋聖
きせい

031. 安史の乱 ○：安禄山の乱

032. 流れ星 ○：流星群、流星

033. 『ブルーロック』

034. カニカマ ○：カニ風味かまぼこ

035. 北里柴三郎 ○：きた〝さと〟しばさぶろう
きたざとしばさぶろう

131

---

036. ヒカキン＆セイキンの『YouTubeテーマソング』のMVでは2人が自ら広げていく、セレブリティの通り道に敷かれるものといえば何？

---

037. 今年（2022年）、海のない長野出身の力士として雷電以来の大関となった、出羽海部屋の力士は誰？

---

038. なかには中学生で持てるものもある、買い物と同時に口座から代金が引き落とされる決済用のカードを何という？

---

039. カステラの老舗 福砂屋や文明堂が本店を置く、古くから西洋への窓口として栄えた九州の都市はどこ？

---

040. 天皇主権は維持しつつ、民衆の幸福のための政治を実現することを目指すものであった、政治学者の吉野作造がとなえ、大正デモクラシーの指導原理となった思想は何？

---

041. あかがね色の表紙に二色刷りの本文など、主人公が作中で手にする本そっくりに仕立てられたハードカバー版も知られる、ミヒャエル・エンデのファンタジー小説は何？

---

042. 自転車のかごやガスメーターボックス、玄関の前といった場所を指定して、配達員と対面することなく荷物を宅配してもらうサービスを何という？

---

043. 晩年のガリレオ・ガリレイに秘書として仕えた、水銀を用いた実験で大気圧と真空の存在を示した物理学者は誰？

044. もともとは砂から砂金などをより分けることを意味していた、「音」や「警察」などの後ろについて使われることが多い二字熟語は何？

045. Androidにも「Nearby Share」という似た機能がある、近くの端末どうしでデータを送受信できるiOSの機能は何？

046. その名は「喉（のど）」を意味するモンゴル語に由来する、2つの異なる音を同時に出すモンゴル民謡の歌唱法は何？

047. 仮想空間と現実空間を高度に融合させ経済発展と社会的課題の解決を目指す、情報社会に次ぐ新たな人間社会を「Societyいくつ」という？

048. 井手口陽介（いでぐちようすけ）、旗手怜央（はたてれお）、前田大然（まえだだいぜん）、古橋亨梧（ふるはしきょうご）の日本人選手4人が所属する、スコットランドの強豪サッカークラブは何？

049. 制作中止となったホドロフスキー版、興行的に失敗に終わったデヴィッド・リンチ版、昨年（2021年）公開されヒットしたドゥニ・ヴィルヌーヴ版といえば、これらの映画の原作となったSF小説は何？

050. 10日に一度程度、東京－博多間を往復して線路の歪みなどを計測している、新幹線の安全な運行を支える検査用車両の愛称は何？

051. 地震の波で、P波のPは「Primary」の略ですが、S波のSは何という言葉の略？

052. 江戸時代にジャガイモやサツマイモが広まる前は単に「芋」ともよばれた、よく煮っころがしにして食べられるねっとりした食感の芋は何？

053. 今年（2022年）8月には節目となる「C100」が開催される予定の、日本最大の同人誌即売会は何？
※C100は無事開催されました。

054. 市松模様の「ダミエ」柄や、アルファベットのLとVを組み合わせたモノグラムで知られる、フランスの高級ファッションブランドは何？

055. 長編小説の『イェスタ・ベルリング物語』や児童文学の『ニルスのふしぎな旅』を著したスウェーデンの作家は誰？

056. 奈良県桜井市の箸墓古墳に埋葬されているという説もある、3世紀の日本で邪馬台国を治めていたとされる女王は誰？

050. > ドクターイエロー

051. > **Secondary** ○ : Secundae

052. > サトイモ

053. > コミックマーケット

054. > ルイ・ヴィトン

055. > セルマ・ラーゲルレーヴ

056. > 卑弥呼

057. 温泉地や水族館に設置された水槽で触れ合うことができる、人間の皮膚の古い角質を食べる雑食性の淡水魚を一般に何という？

058. 現役大学生ながら『踊り子』『不可幸力』『東京フラッシュ』などの楽曲でヒットを飛ばす、気鋭のシンガーソングライターは誰？

059. 食品を凍結させて真空状態に置くことで水分を効率よく飛ばし、長期保存を可能にする技術を何という？

060. 金融機関による国をまたいだ決済を円滑化する「国際銀行間通信協会」のことを、アルファベット5文字で何という？

061. アメリカにコーヒー文化が根付くきっかけにもなった、1773年にアメリカ植民地の住民がイギリス東インド会社の貿易船を襲った事件は何？

062. 街なかに設置される看板や電車の中吊りのように、家の外で目にすることになる広告媒体のことを、アルファベット3文字で「何メディア」という？

063. 1947年に大森区と蒲田区が合併して生まれた、東京23区のうち最大の面積を有し、その四分の一を羽田空港が占める区はどこ？

057. ドクターフィッシュ ○：ガラ・ルファ

058. Vaundy

059. フリーズドライ ○：凍結乾燥

060. SWIFT

061. ボストン茶会事件 ○：Boston Tea Party

062. OOHメディア

063. 大田区

064. ４分間程度の演技の中に最大７回のジャンプを組み込み、音楽の曲想を自由に表現する、フィギュアスケートシングルの種目は何？

065. シャボン玉が丸い形になるのはこの力によるものである、液体の表面積ができるだけ小さくなるようにはたらく力を何という？

066. ハゲワシの羽根を挿した緑色の帽子を被っている、「ムーミン」シリーズに登場する旅を愛するキャラクターは誰？

067. 水と一緒に加熱して白米の代わりにする食べ方が日本でも話題の、燕麦を細かく砕いて食べやすくした食品は何？

068. 真偽は元の命題と必ず一致する、「ＡならばＢである」という命題に対する「ＢでなければＡではない」という命題を何という？

069. シリーズ第12作目となる「選ばれし運命の炎」の制作が発表されている、スクウェア・エニックスによるRPGは何？

070. 『窓辺で手紙を読む女』『水差しを持つ女』『牛乳を注ぐ女』など、物静かな雰囲気の室内画で有名なオランダの画家は誰？

071. ホラー映画でおなじみの「ゾンビ」のルーツである、ベナンやハイチに根付いている民間信仰は何？

072. 今年（2022年）、最新アルバムの『MANNEQUIN』を3月9日の「ミクの日」にリリースした、『ヴァンパイア』や『モザイクロール』などの代表曲があるボカロPは誰？

073. 牛角の創業者 西山知義（にしやまともよし）が手がけている、各席に設置された無煙ロースターで一人焼肉を楽しめる「焼肉ファストフード店」は何？

074. 現在（2022年5月）上演中の舞台化作品では、橋本環奈（はしもとかんな）と上白石萌音（かみしらいしもね）がダブルキャストで主演を務めている、スタジオジブリ制作の映画は何？

075. バニラの香料が含まれているため甘い香りがする、力士が髷を固めるために使う油のことを何という？

076. 1度目の首相就任は桂園時代の終焉直後、2度目の首相就任は関東大震災の発生直後といえば、この政治家は誰？

077. わざと自分で問題を起こし、解決することで利益を得ようとすることを、火を付ける道具と消す道具を用いて何という？

078. 4枚の花びらをもつように見えることから「ヨヒラ」とも、土壌によってさまざまに色を変えることから「七変化」ともよばれる花は何?

079. 地軸の傾きの関係で、本州最東端の岩手県トドヶ崎よりも早く初日の出が見られる、千葉県銚子市に位置する岬は何?

080. 『神の子どもたちはみな踊る』『レキシントンの幽霊』『女のいない男たち』などの短編集を著した小説家は誰?

081. 産業革命以前のヨーロッパで見られた、日本語では「工場制手工業」とよばれる生産の様式を何という?

082. 表面がシワシワになってくると食べごろとされる、キリストの受難にちなんだ名前がつけられたトロピカルフルーツは何?

083. 現役柔道選手の朝比奈沙羅と、元ラグビー選手の福岡堅樹が現在(2022年5月)ともに在学しているのは、大学の何学部?

084. 店頭にウツボなどが泳ぐ水槽が設置されている店舗も多い、ペンギンのキャラクターがトレードマークのディスカウントストアは何?

085. 「小林幸子」や「コスモス」が登場する語呂合わせで覚えることができる、三角関数についての定理は何？

086. 実家が水産加工業を営んでいたことにちなんだ芸名を名乗っている、「お笑いBIG3」の一角をなす大御所芸人は誰？

087. 青年 グリゴリー・メレホフを主人公に、十月革命前後のロシアのコサックたちの運命を描いた、ミハイル・ショーロホフの小説は何？

088. 創業者 ハンス・リーゲルと創業の地であるボンから社名がつけられた、「ゴールドベア」や「ハッピーコーラ」などのグミで知られるお菓子メーカーは何？

089. 長調と短調の区別がなくなり力強い響きとなる、通常の和音から真ん中の第3音を抜いて演奏するギターの奏法を何という？

090. 兵士の死亡原因を示した「鶏のとさか」とよばれるグラフを考案するなど統計学者としての一面も知られる、近代的な看護制度の整備に尽力したイギリスの看護師は誰？

091. 伊豆に流されていた頃には「佐殿」と呼ばれていた、鎌倉幕府の初代将軍は誰？

092. 二度寝防止のために利用される、一度止めてからもしばらくすると再びアラームが鳴りだす、目覚まし時計の機能を何という？

093. コシヒカリ、ひとめぼれに次いでうるち米の作付面積ランキングで3位につけている、九州を中心に栽培されているコメの品種は何？

094. 今年（2022年）1月からは菅田将暉主演のドラマも放送された、天然パーマの大学生・久能整を主人公とする田村由美の漫画は何？

095. 今年（2022年）4月、国内の女子大として初めて工学部を開設した、日本の国立大学はどこ？

096. 地元の酪農協会がスポンサーについており、優勝者は牛乳を飲むことが恒例となっている、アメリカ・インディアナ州で行われる世界的な自動車レースは何？

097. 切れ込みを入れて変形させると「きんぎょ」に作り替えることができる、新聞紙で折ると子供がかぶれる大きさになる折り紙は何？

098. ビットコインをはじめとする暗号資産の取引を支えている、取引履歴のデータを鎖のように繋いで管理する技術を何という？

099. 松尾芭蕉は自らの俳諧のあり方をたとえるのに用いた、「季節外れで役に立たないもの」を意味する四字熟語は何？

100. 現実社会の約3分の2スケールで作られた街でリアルな職業体験ができる、今年（2022年）の夏には福岡にもオープンする子供向けのテーマパークは何？

101. 日本生命のCMで発した「自分、不器用ですから」のセリフも有名な、映画『幸福の黄色いハンカチ』などに主演した往年の名俳優は誰？

102. 漢字で「木へんに甚だしい」と書く植物と、「魚へんに春」と書く魚に共通する読みは何？

103. 発明王のエジソンはプロポーズに用いた、短点と長点の組み合わせで文字を表す電信用の符号は何？

104. 19世紀の終わりごろに、アフリカ分割をめぐって横断政策を進めるフランスと縦断政策を進めるイギリスが現在の南スーダンで衝突した事件を何という？

105. 72%、86%、95%といった割合がパッケージに大きく記載されている、1日3枚から5枚ほど食べることがおすすめされている明治のお菓子といえば何？

106. 自分は天才ではないということを自覚し「たゆまざる歩みおそろしかたつむり」を座右の銘としていた、長崎市の「平和祈念像」を制作した彫刻家は誰？

107. 日本では1980年にオーストラリアとの間で初めて導入された、青少年が他国で働きながら休暇を楽しむことを認める制度を何という？

108. 右打者ならライト方向、左打者ならレフト方向に打球が飛ぶ、ボールを引きつけて打つ野球の技術を何という？

109. 空飛ぶ生き物のバクを子分に従えている、マイメロディのライバルを自称するサンリオのキャラクターは何？

110. 質の高いものには「オーロラ天女」や「花珠」などの特別な名前が付けられる、「巻き」や「てり」といった基準で評価される宝石は何？

111. 『源氏物語』では光源氏が空蟬に出会うきっかけにもなった、目的地に向かう際、不吉な方角を避けるためにまわり道をする平安時代の風習を何という？

112. 修道院で司祭を務める傍ら、エンドウマメを用いた実験を通して遺伝の法則を発見したオーストリアの植物学者は誰？

113. 頭の上に大きな赤い石を載せたものもいる、チリのイースター島に1000体ほどが点在する石の像は何?

114. オープニングには中島みゆきの『地上の星』が使われていた、かつてNHKで放送されていたドキュメンタリー番組は何?

115. 乳児ボツリヌス症のおそれがあるため一歳未満の赤ちゃんに与えてはいけない、ある昆虫が作り出す甘い食品は何?

116. 大学では平塚らいてうの1年後輩にあたり、雑誌『青鞜』が創刊されると表紙絵を担当した、夫に詩人の高村光太郎をもった明治・大正期の洋画家は誰?

117. 英語では「porcupinefish(ヤマアラシの魚)」という、全身がたくさんの長いトゲに覆われた魚は何?

118. 「1ヵ月間毎日違う味を提供したい」という思いから名づけられた、「キャラメルリボン」や「ポッピングシャワー」などのフレーバーで人気のアイスクリームショップは何?

119. オリンピック開催に合わせて金に近い色への塗り替え作業が進められている、花の都・パリのランドマークは何?

120. 社員の団結を願い、群れをつくって暮らす動物の名前を社名とした、油性マーカーの「マッキー」を販売する文具メーカーは何？

121. 若い頃は「正直者エイブ」とあだ名された、南北戦争中の演説で述べた「人民の、人民による、人民のための政治」という言葉で知られるアメリカ大統領は誰？

122. 東の空にさそり座が上（のぼ）って来ると、逃げるかのように西へ沈んでいく、ベテルギウスとリゲルの2つの一等星をもつ冬の星座は何？

123. 白の部分とオレンジの部分からなり、それぞれがフェア領域とファウル領域に置かれる、ソフトボールで一塁に使われるベースを何という？

124. 1977年にはキャンディーズの解散宣言の舞台となった、「野音」（やおん）の名で親しまれる東京都千代田区の音楽堂は何？

125. ラテン語では「コギト・エルゴ・スム」という、デカルトが著書『方法序説』の中で述べた有名な言葉は何？

126. スパイクやオラフなど5匹のきょうだいがいる、漫画『ピーナッツ』に登場するチャーリー・ブラウンの飼い犬は何？

127. 日清戦争後、ロシア、ドイツ、フランスの三ヵ国が日本に遼東半島（リャオトン）の返還を求めた出来事を何という？

128. 「あるもの」を追い求める二人の小人と二匹のネズミの姿を通して、状況の変化にいかに対応すべきかを説いた、スペンサー・ジョンソンのビジネス書は何？

129. 神社でお宮参りをしたりお守りを買ったりするときに払うお金のことを、かつてその年最初に穫れた稲を神様にお供えしていたことにちなんで何という？

130. その性能の高さは、月面にいる蜂が発した熱を地球上から検出できるほどと説明される、昨年（2021年）末に打ち上げられた赤外線観測用の宇宙望遠鏡は何？

131. ジェームズ・クックは航海の際に船に積み込み壊血病の予防に役立てた、キャベツを乳酸発酵させて作るドイツの漬物は何？

132. 動詞として使うと「駆け出す」という意味になる、ある有名な陸上選手の名前と同じつづりの英単語は何？

133. HAL研究所時代にディレクターとして「星のカービィ」シリーズや「大乱闘スマッシュブラザーズ」シリーズを生み出した、日本を代表するゲームクリエイターは誰？

134. さまざまな様式の建物が両岸に立ち並び「世界で最も美しい〝通り〟」とも称される、ヴェネツィアの中央をS字に流れる大運河を何という？

135. シリアーティ教授やかいとうUといったライバル達にIQ1104の頭脳で立ち向かう、トロルの絵本に登場する名探偵は誰？

136. 一辺の長さが2である正三角形の高さはいくつ？

137. 手が大きく変形するほどの関節リウマチに苦しみながらも、死の直前まで絵を描くことをやめなかった、『ムーラン・ド・ラ・ギャレット』などの作品で知られるフランスの画家は誰？

　YouTubeで公開されたWHAT 2022の動画編集をメインで担当した乾です！

　決勝当日は僕も裏から様子を見ていました。クイズの大会を生で見るのは初めてでしたが、とても興奮したことを覚えています。一方で、編集者として、どうやったら視聴者の皆さんに「この感じ」が伝わるかな、クイズという競技の面白さやクイズプレイヤーの凄さがどうやったら伝わるかなと、ずーっと考えていました。実際に編集を始めてからも苦労の連続でした。河村さんを始めとする運営スタッフ、動画プロデューサーのふくらPが考える「クイズの大会」を、普段のQuizKnockとは違う動画として表現するために試行錯誤を重ねました。0から作らないといけないものも多く、BGMは自分でイメージに合うものを探して、あれも違うこれも違うと悩んだり、テロップのフォントや色にもすごく悩みました。何より、映像の長さ。WHAT 2022の動画はなんと約2時間半。これだけでもう大変。何せ普段使っているPCではスペックが足りなくて編集できませんでしたからね……。

　とはいえ僕が編集者としてできたことは少ないな、とも思っています。それはWHATという大会自体が凄く刺激的で魅力的だったからです。少なくとも公開前までは、編集をしていた僕が1番この動画を見ていたと思うのですが、その僕が一番「クイズのことを好きになった」と思っているので（笑）。

　というわけで、僕にとってWHAT 2022は凄く思い入れのある動画です。素材を作っていただいたり、デザイン面でアドバイスをくださったりしたスタッフ、根気よく校閲をしてくださったスタッフにもとても感謝しています。僕一人の力だけではとても公開できませんでしたが、色々な方の力を借りて良い動画を公開することができました。この場を借りて、改めてお礼申し上げます。

挑戦できるのは本書だけ！

Bonus stage

—— 種目 ——

早押しクイズ

本大会では「Final stage」用に200問のクイズが用意されていましたが、
137問目で決着がつきました。ここからは、まだ勝負が続いていれば読まれていた
幻の未使用クイズ63問を掲載いたします！

見開きで、左ページにクイズ、
右ページに解答が掲載されています。

138. 後攻チームが次も後攻を取りたいときに狙う、カーリングにおいて両チームとも得点が0点のエンドを何という？

139. クリスマスにひとり家に取り残されてしまった少年 ケビンを主人公とする、往年のコメディ映画は何？

140. 長い髪を後頭部で束ねて垂らしたヘアスタイルを、小馬の尻尾にたとえて何という？

141. 名前とは裏腹に現在は日本でのみ栽培されており、そのうち8割は山形県産である、西洋ナシの品種は何？

142. 新型コロナ治療薬「モルヌピラビル」の名前の由来となった、北欧神話で戦いの神 トールが持つとされる武器は何？

143. 複数の州にまたがる犯罪の捜査を主な任務とする、アメリカの司法省に属する警察機関は何？

144. ガラスの破片と板チョコをヒントに発明された、定期的に刃を折ることで長く使うことができる文房具は何？

145. よく犬や猫の体内にできて尿路結石となるほか、カニやサケの缶詰で見られることがある、リン酸アンモニウムマグネシウムからなる結晶は何？

146. 手裏剣、狩猟、写真など多彩な趣味をもっていたという、江戸幕府最後の将軍は誰？

147. 原題を「レトランジェ」という、母の訃報から始まる一連の出来事を乾いた文体で描いた、フランスの作家 カミュの小説は何？

148. モンゴル帝国の大交易圏を再現することを目指し対外遠征を繰り返した、14世紀にサマルカンドを都とするイスラーム王朝を建てた武将は誰？

149. 小石川後楽園の日当たりに配慮するため外野方向に向かって屋根が低くなるよう設計されている、読売ジャイアンツの本拠地となっているドーム球場は何？

150. 農作物被害を減らしたいという思惑と結びつき消費が拡大している、狩猟で捕獲された野生動物の肉のことをフランス語で何という？

151. 今年（2022年）2月には最新作の『ELDEN RING』を発売した、『DARK SOULS』『アーマード・コア』といったタイトルで知られるゲーム会社は何？

152. 山鹿温泉、玉名温泉、黒川温泉といえば、いずれも何県にある温泉地？

153. 日本人の熊谷和徳が世界のシーンで活躍している、金属の板をつけた特殊な靴を履き、床を踏み鳴らして踊るダンスは何？

154. 「コンチキチン」というお囃子や豪華絢爛な「山鉾巡行」で知られる、毎年7月に開催される京都・八坂神社のお祭りは何？

155. 太陽がエネルギーを生み出す原理となっている、原子核同士が結合してより重い原子核となる反応を何という？

156. 『教育』『大人』『スポーツ』『ニュース』『音楽』などのアルバムをリリースしている、椎名林檎を中心に結成されたバンドは何？

157. 西麻布のadam・eveで生まれ全国のサウナに広がった、オロナミンCをポカリスエットで割って作るサウナーに人気のドリンクは何？

158. 戦国武将の上杉謙信が熱心に信仰した、仏教の四天王や七福神に数えられる戦いの神様は誰？

159. 日本の場合は領土の10倍もの広さになる、沿岸国が資源の採掘などに優先的な権利をもつ海域を何という？

160. 昨年と今年（2021年と2022年）の「このライトノベルがすごい！」文庫部門を2連覇した、高校生の千歳朔（ちとせさく）を主人公とする裕夢（ひろむ）によるライトノベルは何？

161. 政府の一員として働いていた人が辞職して民間人になることや、与党が政権を失って野党になることを意味する漢字2文字の言葉は何？

162. アルファベット2文字では「QB」と表記される、アメリカンフットボールで司令塔の役割を担うポジションは何？

163. からだが横方向に3つの部分に分かれて見えることから名前がついた、カンブリア紀に現れ、ペルム紀の終わりに絶滅した化石生物は何？

164. 武田信玄（たけだしんげん）の陣中食としても重宝された、平打ち麺をたくさんの野菜とともに煮込んだ山梨県の郷土料理は何？

165. 福岡県出身の大橋和也（おおはしかずや）がリーダーを務める、昨年（2021年）CDデビューを果たしたジャニーズのアイドルグループは何？

159. > **排他的経済水域**　　　　　　○：EEZ

160. > **『千歳くんはラムネ瓶のなか』**

161. > **下野**（げや）

162. > **クォーターバック**

163. > **三葉虫**

164. > **ほうとう**

165. > **なにわ男子**

166. 劉備（りゅうび）に「三顧の礼」で迎えられ、蜀（しょく）の内政・外交を支えた三国時代の天才軍師は誰？

167. 救助訓練や一斉放水などのパフォーマンスが実施される、消防関係者が出揃う新年の行事は何？

168. 県民の鳥にはキジ、県の花にはももが指定されている、昔話の桃太郎にゆかりのある都道府県はどこ？

169. 小倉百人一首には「夜をこめて」で始まる歌が収められている、随筆『枕草子』を書いた平安時代の女性は誰？

170. 消しゴムのスリーブによく書かれている「PVC」とは何という素材を意味する言葉？

171. 当時の未亡人の仕事を奪ったことから「後家倒し」とよばれた、櫛（くし）の歯のような部分で稲や麦の脱穀を行う、江戸時代に発明された道具は何？

172. 自身の受賞から14年後の1949年には芥川賞の選考委員の1人となった、第1回芥川賞を『蒼氓（そうぼう）』で受賞した作家は誰？

166. 諸葛亮
しょ かつ りょう

167. 出初式
で ぞめ しき

168. 岡山県

169. 清少納言
せい しょう な ごん

170. ポリ塩化ビニル

171. 千歯扱
せん ば こき

172. 石川達三
いし かわ たつ ぞう

173. ドライフルーツやナッツを混ぜたチーズクリームを冷やし固めて作る、近頃日本でも話題のシチリア発祥のスイーツは何？

174. プロ競泳チームTOKYO FROG KINGSのゼネラルマネージャーを務めている、かつてオリンピック競泳の平泳ぎで４つの金メダルを獲得した元水泳選手は誰？

175. 映画『地獄の黙示録』の空爆のシーンでアメリカ軍が流す、ワーグナーの楽劇『ニーベルングの指環』の中の一曲は何？

176. スキージャンパー 小林陵侑の飛行姿勢の分析にも用いられた、理化学研究所が所有するスーパーコンピューターは何？

177. 浮世絵が全盛期を迎え、読本や滑稽本が流行した、江戸時代後期に江戸の町人を担い手として栄えた文化を「何文化」という？

178. 名古屋店では名城線と東山線が、新宿店では山手線と中央線が歌詞に盛り込まれた店内BGMが流れる、大手家電量販店は何？

179. 女優 のんの主演で半生が映画化されることとなった、白衣にハコフグ帽子の姿で知られるタレント・海洋学研究者は誰？

173. ＞ カッサータ

174. ＞ 北島康介
きたじまこうすけ

175. ＞ 『ワルキューレの騎行』
きこう

176. ＞ 富岳
ふがく

177. ＞ 化政文化
かせい

178. ＞ ヨドバシカメラ

179. ＞ さかなクン

180. 林芙美子や志賀直哉が居を構えたことから「文学のまち」とも、大林宣彦監督の作品の舞台となったことから「映画のまち」とも呼ばれる、広島県の市はどこ？

181. 「人生はほんの少し先のことでさえも予測できない」ということを、ある長さの単位を用いたことわざで何という？

182. ジェイムズ・ジョイスの小説『ユリシーズ』の下敷きになっている、古代ギリシャの長編叙事詩は何？

183. 旅館の朝食で出される2種類のおかずをヒントに開発された、丸美屋が販売するロングセラーのふりかけは何？

184. 昨年（2021年）放送の『機界戦隊ゼンカイジャー』では主題歌を担当した、かつて『ウルトラマンダイナ』で主演を務めたタレントは誰？

185. 今から1400年前、預言者ムハンマドがメッカでの迫害から逃れメディナに移住した出来事を何という？

186. ところどころに原形質連絡と呼ばれる細い管が通っている、植物細胞の最も外側にある丈夫な組織は何？

187. ホースラディッシュとローストビーフの組み合わせをイメージして開発された、山芳製菓（やまよしせいか）のポテトチップスは何？

188. 昨年（2021年）9月、ローランス・デカールが歴史上初の女性館長に就任した、『モナ・リザ』などの絵画が収蔵されているパリの有名な美術館は何？

189. 応仁（おうにん）の乱のときに山名宗全（やまなそうぜん）が陣地を置いたことから名がついた、織物産業が盛んな京都の地域はどこ？

190. 中華料理の味の表現で、花椒（かしょう）のしびれるような辛さを「麻（マー）」というのに対し、唐辛子のヒリヒリする辛さを何という？

191. 体の節の数が基本的に奇数であるため、ふつう足が100本ちょうどになることはない、漢字では「百足（ひゃくのあし）」と書く生き物は何？

192. 「ゼロ・グラビティ」や「ムーンウォーク」などのパフォーマンスも有名な、『スリラー』や『ビリー・ジーン』などの曲で知られるアメリカの歌手は誰？

193. 神通川の河川敷に位置している、「新鮮な」という意味の方言から愛称がついた北陸の空港は何？

187. > **わさビーフ**

188. > **ルーブル美術館**

189. > **西陣**

190. > **辣**

191. > **ムカデ**

192. > **マイケル・ジャクソン**

193. > **富山きときと空港**

194. 西洋の思考体系の歴史を分析し『狂気の歴史』や『言葉と物』といった著作を残した、20世紀フランスの哲学者は誰？

195. 始業時間を前後にずらすなどして、従業員が交通機関の空いている時間帯に通勤できるようにする会社の取り組みを何という？

196. 主人公が恋人との別れ際に言う「来年の今月今夜になつたならば、僕の涙で必ず月は曇らして見せるから」の台詞が有名な、明治の文豪・尾崎紅葉（おざきこうよう）の代表作は何？

197. 妻の一山麻緒（いちやままお）とともに夫婦そろって今年（2022年）7月の世界選手権代表に選ばれた、男子マラソンの日本記録を保持している陸上選手は誰？

198. 声優の犬山（いぬやま）イヌコが声をあてている、アニメ『ポケットモンスター』にシリーズ初期から登場する「ばけねこポケモン」は何？

199. サイゼリヤのものにはバジルが載っていない、緑・白・赤の3色がイタリア国旗を表現しているとされるピッツアは何？

200. 世界で初めてコピー機を発明した人物でもある、蒸気機関の改良に成功したことで有名なイギリスの技術者は誰？

—— 問題チーフ ——

森慎太郎

—— 問題コアスタッフ ——

井口凜人　　　　寺内一記　　　　河村拓哉

興梠卓人　　　　上野李王　　　　片山智

—— 問題作成スタッフ ——

大塚澄佳　　　東言　　　　吉野裕　　　　直井悠人　　　鈴木幸多朗

石野将樹　　　高野碧　　　植木陽平　　　中道隆哉　　　東間

川向聡　　　　藤田創世　　　岸本悠吾　　　山﨑貴矢　　　結城右京

川田遼太　　　佐藤篤弥　　　安達虎太郎　　市川航太郎　　浅沼佳奈恵

岡野吾太　　　石政志晟　　　宮原仁　　　　Y　　　　　　池田和記

村上真優子　　後地博天　　　早川航　　　　中村駿斗　　　長野春太

山本祥彰　　　野口みな子　　大野水季　　　秋山夏海　　　八野成秋

こうちゃん　　ノブ　　　　　小島拓登　　　松浦彩夏　　　上野はる菜

浅川凌　　　　竹島優太　　　衣川洋佑　　　湯川英　　　　田村正資

S.M.　　　　吉田知史　　　根本栞　　　　清水日向光　　川上諒人

内海鞠乃　　　木村匠　　　　柳蒼　　　　　広井隆　　　　濵口和歩

亀田雄大　　　佐藤匡　　　　前田徹哉　　　つるぎ　　　　武田真生

ふくらP

2nd stage第76、93問、
Semifinal stage第3、30、41、52、56、62(左、右下)、63、75問における
写真提供：PIXTA

本書に収録されているクイズは、2022年5月に開催されましたQuizKnock主催のクイズ大会「KODANSHA Presents High School Quiz Battle WHAT 2022」で使用されたもの、使用予定だったものになります。情報は大会開催時点のものになります。時間の経過に伴い事実が変わる場合もございますので、ご了承ください。

ブックデザイン　長﨑 綾 (next door design)

QuizKnock

クイズ王・伊沢拓司率いる東京大学発の知識集団。
「楽しいから始まる学び」をコンセプトに、森羅万象
にクイズで楽しく触れられるWebメディア、エンタメと
知を融合させた動画コンテンツを提供するYouTube
チャンネル、直感的な楽しみを通じて知力を鍛える
ゲームアプリなど様々なコンテンツを展開中！ 公式
YouTubeチャンネルの登録者数は198万人をほこる。
（2023年1月現在）

WHAT
High School Quiz Battle 2022
公式問題集

2023年2月20日　第1刷発行

著　者	QuizKnock
発行者	鈴木章一
発行所	株式会社講談社
	〒112−8001
	東京都文京区音羽2−12−21
	電話　出版　03−5395−3510
	販売　03−5395−5817
	業務　03−5395−3615

 KODANSHA

本文データ制作	講談社デジタル製作
印刷所	株式会社KPSプロダクツ
製本所	大口製本印刷株式会社

©QuizKnock 2023
Printed in Japan　ISBN 978-4-06-529966-1　N.D.C 790　182p　19cm